転換期を読む5

国民革命幻想

デ・サンクティスからグラムシへ

上村忠男◆編訳

未來社

国民革命幻想❖目次

I

II

装幀——伊勢功治

国民革命幻想——デ・サンクティスからグラムシへ

I

学問と生——一八七二年十一月十六日ナポリ大学での開講講演

フランチェスコ・デ・サンクティス

諸君、

われわれはいま学問の殿堂にいる。だから期待してもらっては困るのだが、わたしは学問をほめたたえることを論題に選ぼうなどとはおもっていないのである。賛辞のたぐいはいまでは流行遅れである。そして、わたしが願っていることがあるとすれば、それは開講講演なるものもまた流行遅れになってくれることなのだ。開講講演なるものは、わたしのみるところ、生活の諸事万般のなかに入りこんで儀礼の一部をなしている義務的ソネットのようなものである。考えてもみたまえ。イタリアはここのところ開講講演であふれ返っており、どんな小さな村の学校でもそれをおこなっていないところはないほどである。しかし、それがどうしたというのか。こうして学校がよい成果をあげるようになったかといえば、これは別問題である。開講講演がおこなわれ、拍手があって、公衆は満足して出ていく。そしてあとはもうなにも考えていない。あとのことは教師と生徒とでうまくやってくれというわけなのだ。

これが、わたしの学識ある同僚たちがこの職務をわたしに任せようとしているのを知ったとき、わたしの頭をよぎった思念であった。まじめに受けとることなど、どだい無理であった。なにか頭脳を揺さぶるような大事件、なにか大いなる機会があったというのならば、よい。しかし、規程のかくかくしかじかの条項、そして学年暦のかくかくしかじかの頁によれば、毎年、かくかくしかじかの日のかくかくしかじかの時刻におこなうことになっているからという理由だけで講演をおこなうということ、これはわたしには納得がいかなかったのである。もし実際の役に立つ具体的な資料があったならば、今日は諸君に、それぞれの授業の価値、出席率、試験の成績、なされてきた改善点、残されている欠陥、新年度の授業計画にかんする報告書を読みあげていたことであろう。諸君にはこれらの興味ある情報のほうがアカデミックな講演よりはずっとありがたいはずである。しかし、アカデミーはなおも退散する気はなさそうなので、反逆者になるつもりのないわたしは学年暦にみずから進んで服従することにする。かくてここにわたしの講演をおこなうしだいである。このわたしの講演が最後の開講講演になってくれることを願いつつ、そして今後はイタリア国民もよく始めることよりはよく終えることにもっと気を使うようになってくれることを願いつつである。

さて、いまも述べたように、わたしは学問をほめたたえようなどとはおもっていない。賛辞のたぐいはいまでは流行遅れである。それに、学問はそもそもわたしの賛辞なんぞを必要としているであろうか。いまではもう学問の頭上には王冠が輝いている。いまや学問は万民のだれからも承認されている女王であり、その旗の上には書かれている——In hoc signo vinces〔この旗印の下において汝は勝利せん〕、と。たび重なる戦いは彼女を強健にし、もろもろの試行錯誤は彼女を賢明にしてきた。彼女にたいしては、もはや懐疑主義も無関心も通用しない。今日ではもう彼女は権力の頂点に到達している。そして、その周りには廷臣や崇拝者たちが群がり集まって、彼女の名において、たんに不思議ばかりか、奇蹟までをも約束している。諸国民を再生させ偉大にするのは彼女だ、という声が四方八方から聞こえてくる。そこで、賛辞を述べるのはどうも苦手におもっているわたしは、これが強者にたいする接し方だとおもうので、彼女に本当のことを言い、彼女の力を計ってみたいとおもう。だから彼女に質問させていただく、——あなたはなにをなすことができるのか。認識はほんとうに力なのか。学問はそれ自体で生なのか、生の全体なのか。腐敗と解体の過程をくいとめ、血を新しくし、強健な性格をふたたびつくりあげることができるのか。人々は言っている、諸国民は学問によって再興する、と。はたして学問はこの奇蹟をなすことができるのか。

昔の歴史に目を向けてみると、どうもそうとはおもえない。ギリシャの学問は、ギリシャ民族の解体を遅らせることも、ラテン世界の腐敗を癒すこともできなかった。イタリアにおける知的再生は、同時にイタリアの衰退の始まりであった。教養が偉大であっただけ、それだけいっそう没落は恥辱に満ちたものであった。

これらの事実を前にしてみると、ヴィーコの言っていることがよくわかる。そして、かれの考察をたどり直してみたい気持ちになる。悟性は最後に生のなかに出現する。そして、より多く知り、より大人になればなるだけ、それだけいっそう感情と想像力のほうは衰弱していく。もろもろの大いなる創意やもろもろの大いなる熱情の源泉をなしている二つの力がである。学問は成熟した年齢期の産物であって、過ぎ去った年月をやり直し、ふたたび青春時代をもたらす力は、学問にはない。成熟期というのはたしかに生のうちでもっとも光り輝ける時代ではあるが、それは始まりではなくて結果であり、新しい歴史にむかっての刺激にして端緒であるよりはむしろそれまでの歴史の高貴なる絶頂である。それのあとには老いと解体とがやってくる。そして、もっと若い、新しい諸国民がとって代わるというのが、ものごとの本性の永遠の法則である。諸国民のうちのある者が解体するとき、そこには同時に別の者の発生があるのである。(1)

学問は生を犠牲にして成長する。きみは思考に多くを与えれば与えるほど、それだけ行動から多くを奪うことになる。きみが生を認識するのは生がきみの前から逃げだしたときであり、きみに生についての理解がおとずれるのは生にたいする支配力がきみに欠如したときである。信仰が欠如し、そして哲学が誕生する。芸術が没落し、そして批評が擡頭する。歴史が終わり、そして歴史家たちが出現する。道徳が腐敗し、そして道徳家たちが登場する。政治が崩壊し、そして政治の学が始まる。神々が退場し、そしてソクラテスがかれらにアイロニーを弄しつつ付き従う。国家が傾き、そしてプラトンが理念的国家をうち建てる。芸術が消えさり、そしてアリストテレスがそれの在庫目録を作成する。公共的生活が衰退し、そして大弁論家たちが擡頭する。言葉の雄弁が事実の雄弁に続くのである。リウィウスは、かつて存在した栄光の歴史をほとんど弔辞と呼んでもよいような序言とともに物語っている。そして、最後の歴史家たち、トゥキュディデスとタキトゥスの深遠で憂愁に満ちたまなざしのなかには、なんとも言えない悲しみがただよっている。生が堕落し、そしてセネカが道徳的箴言を研ぎ澄ます。生が死に、そしてプルタルコスが墓石のあいだを歩き回っては著名な人々の記憶を蒐集する。

であってみれば、生命の最後の果実たる学問に、はたして生命の樹を再創造することはできるのであろうか。われ認識す、そこでわたしは真実こう言うことができるのであろうか、——ゆえにわれ能う、と。むしろ、学問は生命力の最後の生産活動であり、生の最後の〈われ能う〉であり、頭脳のなかに引きこもった生であって、頭脳の内部で学問は生の歴史を始め直すのであるが、その歴史はもろもろの驚異に満ちた新しい歴史ではあっても、あくまで生の意識であって生の能力ではないというのが、真実ではないのか。すでに彼女にはあらゆる産出力、vivendi causae〔生の作用原因〕が欠如してしまっており、宗教的感情には信仰が、道徳には誠実さが、芸術にはインスピレーションが、行動には青年期の創意性、自発性、新鮮さが欠如してしまっていることからしてである。

学問はギリシャとローマの国民の生を照らしだすことはできたが、再生させることはできなかった。できなかったが、できると信じていた。そして、この信念が彼女の力であった。彼女が探究していた真理も、もしそれを生のなかに移し入れることができるのだという確信をもつことができなかったならば、彼女には軽蔑すべきものにおもわれたことであろう。プラトンは、学問のうちにひとつの倫理的な道具をみており、青年層の教育と国家の繁栄をめざしている。

そして、芸術はかれには腐敗堕落の元凶とみえたがゆえに、かれは芸術を追放するのである。アリストテレスも、倫理を学問の最高の目的であるとしており、そのかれが芸術を容認するのは、そこに情念の浄化というひとつの倫理的目的を見いだしているからにほかならない。ソクラテスは、青年層を訓育することによって、ソフィストたちをうち負かし、祖国の生を復興することができるものと確信している。しかし、かれの学問は生ではなかった。そして生は、かれの弟子で祖国の解体を促進させたアルキビアデスのほうであった。プラトンはその民を再生させるべく招かれてシュラクサイに行くが、かれの学問は歴史の流れを一刻たりとも遅らせることはできない。生が脆弱になればなるほど学問は硬化する。そして、両者は相互に作用しあうことのないまま、しだいに離れていく。帝国にあまねくはびこる腐敗に対峙しつつ、ストア派が眉をしかめて擡頭する。ストア主義は個々の人間を自己のもとに獲得することはできたが、いかなる社会をも形成することもできなければ形成し直すこともできなかった。それどころか、それは絶望の学問であり、社会的解体を聖化しようとしたものであり、危機にさいしては〈各自勝手に逃れよ〉というのがそれのモットーであって、自己自身のうちに引きこもり、外の世界の浮き沈みには素知らぬ顔を決めこみ、社会から離脱した賢者の思想なのであった。学問が働きかけていたのは、すでに腐敗堕落した世界にたいしてであった。そして、その世界では放縦と化した自由が専制を生みだしており、また、さまざまな種族が征服によって統合されて、地域的な相違やエネルギーは失われてしまっていた。学問は、その広大な総体を体系づけ組織し、今日でも古代の偉大さの証拠をなしているもろもろの安定した法律を導入するのには役立った。しかし、その賢明な機構のなかにひとつの新たな精神を吹きこみ、道徳的で有機的な諸力を復興することはできなかった。学問は、すでに擦りきれて傷んでしまっていた最上部で仕事をしていたにすぎず、土台をなおざりにしていた。土台、つまりは社会の最下層には、道徳的諸力がなおも無垢なまま潜在しており、キリストの信奉者たちが効果的に活動を展開していた。その社会的最下層を学問はなおざりにしていたのである。やがて、学問が王宮に上り、ユリアヌスの脇に座を占めて、あらゆる力を手中にする日がやってきた。しかし、学問は異教的な生の解体をおしとどめることもできなければ、キリスト教的な生の形成の速度をゆるめることもできなかった。にもかかわらず、その社会は自分たちの学問をどれほど自慢にしていたことか！　どれほどまでに軽蔑しきった態度でもって蛮族をあつかっていたことか！　そして、もしだれか不吉な預言者が現われて、その蛮族こそはおまえらの相続人であり主人となるべく定められているのだとかれらに言ったとしても、かれらはその言葉をいかに笑いとばしていたことであろうか！

野蛮状態が終わると、ふたたび学問への信頼が生じ、人々は学問から奇蹟を期待する。理想はベアトリーチェ、すなわち、即学問であるような信仰、そして即信仰であるような学問である。生は地獄であって、これを一段一段と天国に変えていくのが学問の務めとなる。そして天国は世界帝国、正義と平和の王国であり、そこにおいて学問は自己承認を得るのである(2)。ついで再興〔ルネサンス〕の時代が到来し、学問はほんとうに生を復興しうると確信するにいたった。学問はマキャヴェッリ、カンパネッラ、サルピ(3)と称した。そして生はチェーザレ・ボルジア、レオ十世、フェリーペ二世であった。だが、思索は思索にとどまりつづけ、事実は事実にとどまりつづけた。自己自身を芸術のなかに反照させた光栄ある生の最後の光線として、学問はあたかも自らがいっさいの内容といっさいの有機体を欠いた形式でしかないことを感じとっているかのようにして、あちこち悲哀とアイロニーに印しづけられた明澄で美しい形式を生みだした。彼女が自らの黄金時代と呼んだ研究、芸術、諸科学の花咲ける時代は彼女の没落を告げる光輝の時代であったのであり、ミケランジェロの眠り(4)の時代、そしてマキャヴェッリの悲哀(5)の時代であったのである。

　さらにのちには、学問は宗教として作用し、使徒活動と化して、諸国人民のなかに広まっていく。そして、自らの膨脹の中心をフランス精神のなかに見いだし、今日もなおその余波が続いているあるひとつの記念すべき運動を惹起する。ひとつの新しい社会が生まれ、ひとつの新しい生が形成される。学問は彼女もまた自らの使徒、自らの殉教者、自らの立法者、自らのカテキズム〔カトリック教でその要理を教育用に問答式にまとめたもの〕をもつ。そして、宗教、道徳、法、芸術、政治的・経済的・行政的制度など、いたるところに分けいっていく。あらゆる社会的制度のなかに浸透していくのである。しかし、彼女はつまるところ学問であった。そして学問として作用した。生を革新することは観念を革新するのと同じことであり、認識は力と同一であると思いこんでいた。そして自らの論理を生に適用した。前提が与えられた以上はその当然の帰結であるとでもいうように、有無をいわせず、かつ仮借なくである。しかも、それらの前提を自らの諸原理のうち、自らの諸公式のうちに求め、生の現実的かつ実際的な諸条件のうちに求めようとはしなかった。また、彼女は機械的世界を自家薬籠中のものとしてあつかうことに慣れていたので、社会的な有機体をも機械のようにあつかい、人間たちをゲームの規則にしたがって思いどおりに配列することのできるチェスの齣のようにあつかった。そして、生をまるで学問的理想であるかのようにとらえ、いっさいをこの理想をつうじて見ようとした結果、宗教、芸術、社会、国家、家族など、あらゆる社会的有機体を、完成させようと欲して弱体化させてしまった。また、こうして踏みにじられた生が反抗すると、彼女は自由の名において自由を圧殺し、自然の名において人々の自然を毀損してしまった。そして人々を強制的に平等で友愛的な存在にしようと欲しつつ、彼女自身はあくまでも学問でありつづけ、しかも暴力に転化するのであった。彼女は頂点でありつづけて、土台を手に入れようとはしなかった。そして土台はある日、体を少しばかり揺さぶって頂点を呑みこんでしまった。こうして哲学の王国は消滅した。生は復讐をとげ、哲学を軽蔑の念を込めてイデオロギーと呼んだ(6)。観念に信頼するところがより少なくなり、事実に信頼するところがより多くなった。学問への信仰が強かっただけに幻滅もそれだけ辛酸であった。そして、ここからつぎのような苛酷な真理、すなわち、**学問は生にあらず**(la Scienza non è la Vita)、との真理を掘り出すこととなったのであった。

これらの例を前にして、わたしは沈思自問する、——民族の生とはなにか、と。

民族がその生を生きるのは、道徳的諸力(forze morali)のすべてを汚れなきままに保持しているときである。道徳的諸力は、外部に生産活動への刺激(stimolo)を見いださないかぎり、生産しない。刺激が活発であればあるほど、それだけいっそうそれらの強度と活力も大きい。刺激はきみに制限(limite)をつくりだす。すなわち、ひとつの目的をつくりだすのであって、この目的が道徳的諸力を漠然とした自由な状態から脱却させ、道徳的諸力に限定をくわえて、ひとつの方針を与えるのである。その自由が制限されているからこそ、道徳的諸力は生産的なのである。強者は、諸君がかれから制限を奪っても、それを自らの力でつくりだす。正当な手段でつくりだせないときには、不当な手段をもちいてでもつくりだす。なぜなら、手段が目的を必要とするように、力は制限を必要とするからである。このことをよく示しているのは司祭であって、司祭は子供をもつことが禁止されているため、それだけいっそう強い愛着をもって甥たちに結びつくのである。ある民族において制限の感情が弱くなればなるほど、それだけいっそうその民族は弱体化し、解体に近づいていく。逆に、発達した制限の意識が存在するところでは、生もそれだけいっそう強力である。

しかしながら抽象論はこの程度にして、近代的学問が手をつける以前には人間はどうであったかを見てみよう。

中世の人間は感情と想像力とがきわめて強靭で、どこまでも自由であり、情念のおもむくままに生きていたが、その生の歩みには、一歩ごとにさまざまな制限、それも自らの意志によって受けいれた制限が存在した。というのも、それらの制限は外部から暴力によって強要されたものではなく、自らの意識の産物であったからである。だから、それらの制限は障害として放棄されることはなく、義務および生産活動への刺激として尊重されたのであった。かれには自分の家があって、そこには、崇敬され、ほとんど信仰の対象と化した女性と、もろもろの恐るべき権利で武装し、命令するのに習熟していて、かならずや服従を得ることができるものと確信して疑わない家父長とがいた。そして、そこには、共通のきずなとして尊重され、家族全員に同一の憎しみと同一の利害関心とを強要する家名があった。それらの憎しみと利害関心とは何世紀にもわたる伝統をなしていて、先祖の遺言のなかで生き生きと語りつがれ、用意周到に諸世紀を包みこんで、将来を家門の永続に結びつけているのであった。家族はかれにとってはまさしく小さな祖国のようなものであって、それはかれにもろもろの義務をつくりだし、かれのほうでもそれらの義務を心から受けいれて家の名誉と繁栄のための活発な刺激へと変えていくのであった。また、かれには大きな祖国があった。しかも、それは生の歩みの一歩ごとに出会う近くて具体的な存在としての祖国であり、土地、家、親族と同一化し、自分の利害関心、自分の情念、自分の志望と同一化して、まことに言いえて妙なことにもコムーネ〔共同的なるもの〕と称される感情と信仰と習慣の共同体を形成していた。そして、そこには、仕事のための新たなきずなと新たな刺激とがあった。自分の教会と自分の階級〔身分〕とがそれである。かれは、自分がこれら二つの強大な有機体の一部分であり、共同の力によって力づけられていると感じていたのであった。ゴンファローネ〔都市国家コムーネの旗〕が空中にはためくときには、全員がそれの周りに結束して、それのためにみずから進んで財産と生命を提供しようとした。というのも、ゴンファローネは祖国（patria/Vaterland）のシンボルであり、そして祖国とは父祖たちの土地のことであり、家族、教会、階級、コムーネであったからである。人間は、自分の土地、自分の先祖、自分の家、自分の教会、自分の階級、自分のコムーネにさながら根を張るようにして、もろもろの強力な有機体のなかに閉じこもって生きていたのであり、そのかれにそれらの有機体は要求すべき権利よりは履行すべき義務を想い起こさせていたのであった。かれは自らを自由で孤立した個人ではなくて、あるひとつの全体の部分であると感じており、その全体の生を生きていると感じていた。息子であり、夫であり、市民であり、兵士であり、信者であり、あれこれの階層の所属者であると感じていた。そして、実はここにこそ、それらの鉄のごとき有機体の欠陥があったのでもあった。個人はそこでは自己固有の目的はもたず、ひとつの共通の目的をもっていたにすぎないのであって、それはしばしばかれのうえに宿命として重たくのしかかり、かれの自由を圧殺したのである。少しずつ制限は抑圧的なものとなっていった。刺激であることをやめ、障害に転化していった。まるで網にかかったかのように相互に重なりあった有機体に緊縛され、そこからどう身をふりほどいてよいかわからなくなってしまった人間は、このままでは息がつまって力が衰えてしまう気がして、わが宗教、わが家族、わがコムーネ、わが階級といった生のもっとも親愛なる感情を、いまや憎悪の念をもって受けとるようになった。障害を覆そうとして、刺激を抑圧してしまったのであった。それらの制限は、いまではもう、喜んで自らの意志によって受けいれられた義務ではなく、暴力によって課せられた強制であった。そして、闘争の炎にあおられて、強制だけでなく、義務のほうも、かれの意識のなかで滅びさってしまった。宗教、そして道徳さえもが、それらは自分を抑圧する者たちによって唱えられているということで、かれには疑わしいものと化した。また、かれは社会と法律を抑圧の道具であるとして呪い、自然状態を希求した。そして、自分の血のなかには損なわれたものが入りこんでいるということで、悪い血も良い血も一緒くたにして体内から放出してしまった。こうしてマキャヴェッリが「イタリアの腐敗」と呼んだ例の解体[7]が始まることとなった。多くの人々は学問をその腐敗の犯人に仕立てあげた。そして、学問が出現したのは質料がすでに腐敗していたときであり、治療のためにこそ学問は登場したのだということを見なかった。

学問とはなにものであったのか。学問は、すでに成熟した悟性であった。そして、自分がひとりの自律した存在であるとの意識を獲得しており、自分がそのなかで軽信的かつおのれのなんたるかを知らぬままに育ってきたところの感情と想像力のあらゆる要素から自分を識別するにいたっていた。学問は、超自然的なものと特権の支配する社会のど真ん中にあって、呪われ、破門の憂き目に遭いつつ、自らを確立し、人権を主張する**自然**であった。また、もろもろの集団的存在の、あのすべてを吸いつくす有機体に面と向かって、家族、コムーネ、教会、階級、国家に面と向かって、自らの自律性を対置し、自分は目的であって手段ではないと宣言する個人であった。制限は自由を凌駕するにいたっていた。そして学問は制限に反抗する**自由**であった。

なぜ学問はローマ人の生にかくも小さな力しか行使しえなかったのか。それは、そこでは、あらゆる刺激、あらゆる制限の感情が生から消え失せ、生が冷えきってしまっていたからである。このことを表わすイメージが欲しければ、あの帝政末期のカタストロフィー〔大詰めの状況〕に眼を向けてみるとよい。あちらには前進してくる蛮族たちがおり、こちらには国境に野営してかれらを待ちうける兵士たちがいた。蛮族たちは祖国、家族、自分たちの女、老人、子供らを引き連れており、民族全体が一丸となっての進軍であった。かれらの最良の武器はかれらの道徳的諸力であったのである。あちらには家族があった。そしてこちらにあったのは兵営なのであった。それも、万民の兵士たち、そのだれもがローマ人と呼ばれ、それゆえ本当にはだれひとりとしてローマ人ではない兵士たち、俸給以外の刺激をもたず、規律以外のきずなをもたず、人為的に寄せ集められて野営生活を送っている兵士たち、かれらの敵にとってでなく、かれらを近衛兵と呼んでいたかれらの同国人にとってこそ脅威的な存在である兵士たち、家、家族、神殿、祖国といった、人間たちを偉大にするあらゆる刺激が眼と心から遠のいてしまっている兵士たちの兵営があったにすぎないのである。

なぜ学問はイタリアでかくもわずかのことしかなしえなかったのか。それは、そこでは、中世と呼ばれた時代にあれほどまで生の潜勢力を覚醒させてきたもろもろの制限がことごとく弱まってしまっていたからである。人々の性格も弱体化してしまっていれば、道徳的諸力も衰弱してしまっており、教会、家族、祖国、階級、国家など、あらゆる社会的有機体、あらゆる公共的な生は空虚な形式として残っているにすぎなかった。イタリアの悟性の高度のアイロニーはそれらの有機体から内容を奪いさってしまっていたのであった。そして学問人自身にあっては、生は思考のはるか下にあり、観念はしばしば暴力的なまでに激しく急進的で、言語は偽善的、そして実際の行為は奴隷的であった。学問が新しい内容を与えることができるのは、それを受けいれる質料を見いだすときである。そうでないかぎり、学問は、自らの系を周りに形成できないまま虚空に光を放っている太陽のようなものであって、もっと若くてもっと肥沃な質料を求めて、もっと遠くの天空へと出かけていく。学問が生に働きかけるには、生がたとえどれほど傷んでいようとも、それをそのあるがままに愛し、それの内部に刺激と制限をふたたび創造すべく努力する必要がある。それらの刺激と制限から、時がそれらに付着させてきた汚れを拭いとり、それらが制度のうちにではなくて人々の意識のうちに存在しているにすぎないときには、それらをふたたびそれらの始原にまで連れ戻すことによってである。ただ、もしも損傷が根っこにまで及んでいるとしたならば、もしも宗教とともに宗教的感情までもが欠如し、祖国、家族、自然、自由の感情が弱体化し、生の根っこそのものが枯渇してしまっているとしたならば、学問はきみになにをなすことができようか。学問はきみに生を与えることはできないのである。それどころか、そのときには生に背を向け、愛想を尽かせてしまう。そして、もはや事実の経過をたどることはせず、観念の経過のみをたどり、思索の孤独のなかに引きこもって、生にたいするどのような直接的活動をも放棄し、〔祖国ではなく〕人類のために仕事をして、他の土地で実を結ぶのである。こうして学問は、われわれのもとでは、その観念において急進的であっただけ、その行為においては不毛なものになってしまったのであった。多くの者たちは今日もなおそのような学問をもちえたことを栄誉におもい、他のところではいまだ神学上の論争に明け暮れていたときに、かくも高くを見、かくも遠くを見ていたイタリアの悟性の明澄さを誇っている。そして、イタリアの悟性が見ることにすぐれていたのは心のほうがうまく感じることができなくなってしまっていたからであるということに思いいたっていない。悟性の飛翔を抑えて、それを自分たちの軌道の内部に引き寄せ、それがそこから逸脱してなるほど疾走こそ自由であるが孤独でほとんどなにひとつ生みだすことができなくなってしまうようになるのを阻止する感情、情念、幻想が欠如してしまっていたからであるということに思いいたっていないのである。

学問は、イタリアと同様、フランスでもわずかのことしかなしえなかった。ただし、その理由は正反対であった。われわれのあいだでは、開花した活動的な生はすでにその周期を終了し、芸術と学問のなかに自らを反照させるにいたっていた。これにたいして、あちらでは、生はその満開期にあり、制限がなおも十分な尊重を得て保たれていた。王室が征服、統合、栄光の道具となっており、著名な貴族の家門が豊富に存在して、それぞれが国民的栄光を代表していた。また、宗教が、カール・マルテルとシャルルマーニュ、ゴドフロア、聖ルイ、ジャンヌ・ダルクなど、もっとも高貴な民間伝説のかずかずを記憶していた。人民的諸力は、激烈で膨脹力に富み、想像力豊かで野心的であった。これらは今日もなおフランス国民の天才の大部分をなしているところのものである。そして、この強壮で若々しい生に、ラブレーのアイロニー、モンテーニュの良識、ユグノー教徒の厳格で散文的な精神、パスカルの憂愁に満ちた省察、ジャンセニストたちの審美的な繊細さが、虚しく投げつけられていた。新しい精神は生の表面をかろうじて引っ掻くことができたにすぎず、その真面目どころか騒々しいかぎりの生のうちに、徒労なことにも集中、反省、静謐、そして内面の均衡を求めていたのであった。闘争は激しく、熱烈で、いかにもその国民の天才にふさわしく、醜聞と風刺が入り乱れ飛び交っていた。が、しかしなお、パリはミサをあげるに十分なだけの価値があった。(8) そして、もろもろの利害はこぞって、自らをなおも旺盛であると感じていた生の保存に努めていた。征服と栄光に倦み疲れた公共的精神は、偉大なる王の陰で、そして黄金の世紀の幻惑的な外観のもとで眠りこんでしまっており、その世紀を文人や学者が飾り立てて壮麗な宮廷美をつくりあげ、どこからどこまでが約束事でできあがった、陽気で、優雅で、放縦な生への華々しい序曲を奏でていた。そして、この生の表面下では未踏の深層が轟音を発しているのであった。覚醒は恐るべきものであった。宮廷の装飾品と化していたいっさいの国家制度にたいする軽蔑の感情が一挙に噴出し、この軽蔑の感情のなかにヴォルテールの風刺とルソーの憤怒とが息を吹きつけた。学問は革命と化した。それというのも、生のなかに自らの占める場所を求めていたひとつの新しい階級を奉仕者としてもつことになったからである。そして、革命は暴力的で、性急で、劇的であり、その突発のしかたは学問のように絶対的で、人類のように抽象的であった。自由を制限の内部においてではなく、制限に反対して求めたことによって、制限を打ち壊してしまい、しかも自由を与えることはできないでおわってしまった。迷信を打倒したことによって、一方においては宗教的感情を消し去ってしまい、他方においては、このことにたいする反動として、狂熱《ファナティズム》を惹起する結果となった。法律上の平等を確立した一方で、事実上の不平等を生みだした。矛盾が矛盾であっただけに、この不平等感には辛酸なものがあり、その結果もたらされたものはといえば、社会を解体する要因のうちでももっとも活発な要因である階級憎悪なのであった。そして、細心の注意を要する諸問題が剝き出しの野獣的な暴力にゆだねられてしまった。財産と家族、そしてかずかずの憲法と政府を動員し、一貫した性格、堅固な規律、社会的紐帯のすべてをことごとく自らの渦のなかに吸いこんでしまった。義務と法律を尊重し遵守しぬこうとする精神を吸いこんでしまった。かずかずの偉大な性格、偉大な力を発達させては利用し、濫用し、じつに弾力性豊かなひとつの生を四方八方に引きずり回して疲労させてしまった。そして、蹂躙に蹂躙を重ねた今日でもなお、威嚇し侵害しつづけている。実物が得られないときには名前で満足した。実体が獲得できないので、影を抱いた。手にしたものは帝国をもたない皇帝、共和主義者のいない共和国であった。自分自身を反復し猿真似した。革命家のいない革命、英雄のいない叙事詩を反復した。歴史は一個の循環と化し、その循環のなかにあって、諸要素は、あるときには勝者、あるときには敗者となりながら、しかしつねに暴力をふるって、互いに抗争しあい消耗しあっているのであった。制限と自由は、意識のなかで弱体化し、軋轢をくりかえすうちに摩滅してしまって、もはや調和のとれた社会の有機的な機能ではなかった。それらはいまではもうたんなるメカニズムであって、内的な生が弱まり、尊重されなくなっていけばいくほど、それだけいっそう装置のほうは人為的で複雑なものになっていくのであった。かくて、もろもろの政教協約も信仰の再強化にはつながらず、憲法も自由の再強化にはつながらなかったのである。いっさいの伝統、いっさいの歴史的条件の外にあって働いていたため、社会は一部の頭脳の思いのままであった。あらゆるメカニズムが実験され、あらゆる経験がなされた。事実は観念と同じ速さで歩むことを強制された。歴史はその自然の道から逸脱してしまった。それは目も眩むほどの駆け足であった。そして、この駆け足は、懐疑におちいった悟性、揺れ動く感情、優柔不断な性格、なにが不満足なのかわからないが落ち着きがなく冒険的な精神、ただただ忙しく動き回るだけで収拾をつけることがほとんどなく、しっかりと定まった目的もまじめな手段ももちあわせていない精神を背後の路上にとり残しながら、今日もなお停止点を見いだせずに続けられているのである。(9)

これは学問の影響力が目に見えて明らかな最初の試練であった。革命であるよりは、社会にたいする自然の反動、制限にたいする自由の反動であった。それぞれの社会的勢力は、その若さを思う存分発揮しようとして、行き過ぎ、過激化する。世俗的なものではない宗教が世俗的なものであろうとする。そして一方では国家のほうも侵害する。家族を侵害し、都市を侵害し、国民を侵害する。学問もまた侵害者であって、社会生活の他の諸領域に侵入し、それらのなかで自己自身を実現しようとしてそれらの性質を損なってしまう。知的にして学問的な社会、あるいはかつて言われたように哲学の王国を形成しようとするのである。もっとも、学問は精神の最後の形式である以上、その彼女が他のすべての諸領域のなかに自己を求め、それが見つからないところでは力ずくでそこに押し入ろうとしたとしても、べつに驚くにはあたらないのであるが。誇り高くてしかも経験がなかったため、学問は自らの力を過信し、精神から見て道理にかなっていることの明らかなものはただそれだけの理由で実践に移されるべきであり、また移すことができるものと思いこんでしまったのであった。そして彼女のモットーはといえば〈原理を失うくらいなら、植民地を失うほうがよい〉というのであった。(10) 植民地は失ったが、原理は救われなかった。では、なにが起こったのか。学問はその信用を失墜させてしまったのであった。学問こそはすべての災厄の元凶であったとでもいうようにである。そして人々は幻滅して中世にまで後戻りし、カテキズムのなかに救済を求めているのである。それを記憶のなかで再確立するのが容易であったのと同様に、意識のなかに再確立するのも容易であるとでもいうかのようにしてである。なるほど、この忘れがたい動きからは多くの恩恵が人類にもたらされた。自由への道が文明化した諸国人民のあいだで敷かれた。多くの人為的な制限が崩壊した。多くの社会的な制限が変革された。個人の自律と平等が国民の自律と平等、国民性の感情を生みだした。学問は、この恐るべき試練から教えられ、その理想の高みから降りて生の内奥と歴史の路上に立ち、かくも惨澹たる廃墟にたたずんで、思索的で、実証的で、組織者的になった。(11) 経験は実を結んだのであった。自らを犠牲にしてその体と心の上に経験を刻んだ人民にわれわれは感謝する。この人類の殉教者は諸勢力を使いつくして生を縮めてしまったのだ。また、この人民には過失よりも欠陥が多かったが、歴史はいつも欠陥についてはそれらを厳しく罰し、過失のほうはしばしば大目に見るものなのである。なぜなら、欠陥は弱さであるからであって、歴史は自然と同様、弱い者を犠牲にして、たとえ過失が多くとも強い者を養うのである。

ラテン社会では自らが吸収し消化しうる以上のものを飲みこんでしまった学問も、アングロ・ゲルマン民族の生のなかにあっては、逆に控え目な補助者の立場にとどまりつづけていた。なぜなら、そこでは学問は威厳と力と自信に満ちたもろもろの侮りがたい有機体に出会ったからである。そして学問はそれらの有機体に敵対してそれらの有機体を解体させてしまおうとするのでなくて、その内部に、ゆるやかに、しかしまた持続的に分け入っていったのであった。しかも、ほとんど抵抗を受けることはなかった。それというのも、有機体は、それらが生き生きと勢いよく発達しつつあるときには、学問を疑いの目で見るようなことはなく、むしろ、自己を拡大し強化していくための道具として利用しようとするのである。学問を利用して、自らを浄化し改革しようとするのである。死滅し古くなった部分を自らの内部から追放し、質料の更新を図ろうとするのである。これにたいして、古くなって干からびた有機体は自らのうちに閉じこもってしまって学問を怖れるのであり、空気に触れると腐敗してしまう死体のように、空気と光を憎むのである。アングロ・ゲルマン民族の生のなかでは、学問は、制限の外にあって制限に反対してではなくて、制限の内部にあって働いていた。そして、自らは生を高所から照らしだすにとどまって、生の内部に混ざりこむこともなければ、生に暴力を加えることもなく、その自分の控え目な役割に満足していた。こうして、教会、都市共同体、階級、家族、国家、法律がいまもなお生きているのであり、今後も長きにわたって生きつづけるとおもわれるのである。これらの制限はいずれも尊重されていて、その声は人々の心のなかになおも強く響きわたっている。そして、その人々の心のなかにあって、生産的な諸力を刺激し発達させているのである。また、学問と自由も、ともに生きている。良心、言論、結社のもっとも広範な自由がそこでは生きているのである。このような自由さえもが危険な存在ではなくてひとつの力なのだ。というのも、悟性の飛翔も、そこではなおも完全無垢な社会的諸力のうちに自らの制限を有しているからである。宗教的感情、規律心、強靭さ、道徳的勇気、義務と犠牲の意識、自然と家族への愛、権威の尊重、法律の遵守、等々、それらをひとまとめにしてわれわれが人間と呼んでいるところの道徳的諸力すべてのうちに制限を有しているのである。ドイツを偉大にしたのは学問であると人々は言っている。しかし、ああ！　諸君、諸国人民を偉大にするのはこれらの道徳的諸力なのだ。そして学問はそれらの諸力を創造することはないのであって、ただそこに現に存在しているのを見いだすにすぎないのである。彼女には、なるほど、それらを分析し、それらの起源を探究し、それらの形成の過程を追跡し、それらのもたらす諸結果を見さだめることはできる。また、それらを調整し、修正して、あれこれの目的にさし向けていくことはできる。だが、彼女には、ただひとつのことだけはできない。それらを生みだすことはできないのである。そして、それらが弱体化し摩滅してしまっているところで、それらの代理をつとめることもできないのである。そう、宗教的感情が萎えてしまっているところで、わたしが宗教である、と言明することは彼女にはできないのだ。芸術が不毛化してしまっているところで、わたしが芸術である、と言明することは彼女にはできないのだ。きみに歴史、言語、人間、国家の哲学を与えることは彼女にはできる。しかし、歴史そのもの、言語そのもの、人間そのもの、国家そのものを与えることは彼女にはできないのだ。学問はきみに生の意識は与えてくれるが、生そのものは与えてくれない。形式は与えてくれるが、質料は与えてくれない。鑑賞力は与えてくれるが、創作のためのインスピレーションは与えてくれない。理解力は与えてくれるが、創造の才能は与えてくれないのである。

〔精神の〕形式は互いに相手のことが理解できない。感情には想像力のことがわからず、想像力には理解力のことがわからない。各形式は他の諸形式のなかに自己自身を置き、そこに自己をしか見ず、自己にあらざるものを笑う。感情は、自分のところまで飛躍してくるにはもろもろの偶像を必要とする想像力を憐れみの目をもって見る。そして悟性には、単純素朴で、なにでもすぐ共感する、無知な感情のことがわからない。ある形式が真に進歩するのは、それがそれの制限を他の諸形式のうちに認めるときであり、他の諸形式を研究し、理解し、尊敬し、それらを自らの衣服とするときである。カトリシズムが真に強力であったのは、それの禁欲主義から脱け出して、生のうちに自らの制限を認め、生の情念、利害関心、形式を自らのものとしたときであった。教皇が王であり、枢機卿が公であり、司教が領主であったときであった。そこでは、カトリシズムは世俗的な衣服をまといつつ、その衣服の下にはカトリシズムの精神と真理とが存在していたのであった。そして、カトリシズムが頽落したとすれば、それはその衣服がカトリシズムの身体と化し、実質と化してしまったからであり、カトリシズムが世俗的な生を失ってしまったとすれば、それはカトリシズムから精神的な生がなくなってしまったからなのであった。学問が一大進歩をとげるにいたったのは、彼女が生のうちに自らの制限を認めるにいたったときであったのであり、彼女が強力になったのは、彼女が謙虚になったからなのであった。彼女が生のうちに自己を観照することができた日、生のうちにあって他の諸領域とならんで彼女の領域を見いだすことができた日、生のうちにあって活動的にして変革者的な原因としてとどまりつづけつつ、他の諸領域を研究し、理解し、それらをそれぞれの自律性、自由、生への権利において尊敬し、それらをわがものとし、それらを自らの衣服とすることができた日、その日こそは彼女の権力の始まる日なのであった。これは蒸気船の発明にも匹敵しうるわれわれの世紀の一大発見である。かつての理想はベアトリーチェであった。すべてをなしうる学問、博士にして神学者であった。新しい理想はマルガレーテである。無知で無意識であるが、しかしまた信仰、愛情、想像力、幻想に富む生である。そして学問はファウストとなる。初めは生を軽蔑して書物のなかに閉じこもり、学問から奇蹟を期待し、ホムンクルス〔錬金術によって人工的につくりだされた小人〕を期待していたが、やがて自らが誤っていたことに気づいて、書物を捨てて生を求め、自然と歴史の新鮮な波に洗われて自らの青春を見つけ直し、愛と信仰とを見つけ直す賢者である。(12) そのときには、なぜ哲学者たちは無知な使徒たちよりも力がなかったのか、なぜローマ人たちはかくも多くの学校とかくも多くの学識とを有していながら、かれらが蛮族と呼んでいた文字も読めない者たちに屈してしまったのか、なぜ国家とはなにかについて知っていたマキャヴェッリは国家を創建したあの蛮族たちよりも力がなかったのか、なぜ文明的なイタリア人たちは無知な野蛮を軽蔑し理解し嘲笑することはできたが、それにうち勝つことはできず、自分たちの弟子によって鎖につながれた教師同然であったのかが了解される。そのときには、学問とはあれこれの事柄についての思索でもなければ、あれこれの原理でもなく、民族〔人民〕(popolo) と呼ばれる集団的頭脳の持続的で能動的な生産活動、生のあらゆる要素、勢力と利害関心とに浸された生産活動であることが了解されるのであり、その頭脳のなかにこそ彼女は自らの正当性、自らの作業の基盤を求めるべきであることが了解されるのである。生に沈潜すればするほど、歴史の歩みを模倣すればするほど、それらの勢力と利害関心のなかに自己自身を包み隠せば隠すほど、それだけいっそう彼女の活動は効果的で膨脹力あるものとなるのである。

このようにして自分自身の力を測定し、生のうちに自らの制限を見いだし直すことのできた学問からは、なにが出てきたのであろうか。道徳的諸力がなおも健全なところでは、彼女は活動的で同化者的な原理であり、もろもろの新しい社会的有機体を生みだす。しかし、制限の感情が冷えこみ、有機的諸力が弱体化してしまっているところでは、きみから最後の力までをも奪いさって、きみの解体を早めるような没落の意識をきみに与える以外には、ほとんどなにも生みださない。こうしてしばらくのあいだ、教養あるヨーロッパは自分たちの将来に疑いをいだき、みずから年老いたと宣言し、ことによると自分たちはコサック化する運命にあるのではないかと自問したのであった。また、こうして今日、われわれラテン人はラテン人種の没落ということを口にしているのである。そして真実のところ、いわゆる歴史的宿命なるものを諦めて受けいれようとしているような民族、自らの将来への信念を失って自らの没落を予言しているような民族に、もはやどんな力が残っているというのか。わたしはといえば、このような学問よりは、自分たちをなおも古きローマの栄光の相続人であると自負し、世界帝国を夢見ている民衆の無知のほうが好きである。

かつては学問がすべてであり、力ずくで自らを押しつけようとしていた。今日では時流は正反対の方向に向かっている。生は不可侵であって、なすがままにさせておかねばならない、というのである。かつては学問の成果は暴力であった。これにたいして、今日では学問の成果は無精で非有機的な自由である。生を、それがたとえ解体の過程であろうとも、歴史の過程にゆだねてしまっている自由、相互に衝突しあっている諸勢力をそのまま放置している自由、国家を中立的で偽善者的な存在に祭りあげ、主役よりは証人に仕立てあげている自由、抑制の手綱が手から滑り落ちるのをそのままにしている自由、無関心が人々の心のなかにはびこり、創意と道徳的勇気が欠如してしまったことを暴露している自由である。そして、この状態をわれわれは、なすがままにさせておけ、そのままやらせておけ、という公式[13]のもとに隠蔽するのが普通になっている。だから、学問の成果は、学問に正当で指導的な権限を認めず、社会を意見の波浪と過去の残滓にまみれるがままに放置している自由なのだ。真実を言おうではないか。国民には真実が必要であり、そしてまたわれわれ自身にもそれは必要なのである。学問はわれわれのもとからは身を引いてしまっており、もはやわれわれの頭脳のなかでは働いておらず、もはやなにも生みだしてはいない。われわれは、歳月を経たために憂鬱になり、われわれにすらもはやなんの感興ももたらさないカンツォーネを繰り返しているだけである。そして、われわれの内部にはわれわれを苦しめる理念もなければ、われわれを刺激する感情もないものだから、われわれはこれみよがしに叫ぶのである、――なすがままにさせておけ、そのままやらせておけ、学問は自分でやっていくさ、そして学問は奇蹟をもたらしてくれるさ、と。これではまるで奇蹟をもたらすのは学問であって人間ではないかのようである。学問は、われわれの内部で動いているときには活動的であって、すべての有機体に分けいってそれらを照らしだし、自らのゆっくりとした、しかしながらねばり強い活動のもとでそれらを変革する。だが、凝集力をもたず、ばらばらの観念を生みだすだけの学問、古くからの有機体に新しい有機体を対置するのではなくて、ただアイロニーとカリカチュアを武器としているにすぎないような学問、このような学問にはそうした変革の力はない。このようなわけで、しばしば、手つかずのままに残っていた古くて信用を失った有機体が、そうした冷笑のまっただなかで、学問がつくりだしたつもりでいた新たな有機体を捕らえ、それらのうえに被さり、それらをふたたび覆ってしまうというようなことが起きるのである。なぜなら、残るのはとどのつまりは組織されているものるからである。だから、あちこちをあてどなくさすらってはアイロニーの雨を降らせて悦に入っている観念、古いものと新しいものとを支離滅裂に混ぜ合わせただけの観念、人々の頭脳のなかで成功と流行にしたがって変化していく観念よりはつねに力があるからである。

学問はわれわれのもとで二つの偉大なものを生みだした。祖国の統一と自由である。ここでわたしがそれらを生みだしたのは学問だと言うのは、社会の頂点部分を揺さぶり、残余の質料を自らのもとに引き寄せて励起させつつ運動へと駆り立てていったのは、学問であったからである。祖国の統一はすべての勢力の集中である。そして自由は自然と歴史の過程にしたがってのそれらの勢力の発展であり、それらの勢力の自律かつ独立である。ただ、これらは偉大な達成物ではあるが、単純でだれにでも接近可能な観念であって、書物も学校も必要とはしない。また、仕事の道具ではあるが、仕事そのものではない。そして、内部に動かされる質料がなければたちまち腐ってしまう形式である。イタリア人のいないイタリアとはなんであろう。自由な人間のいない自由とはなんであろう。内容なき形式、実体なき名辞であるにすぎない。信仰なき司祭、祖国なき兵士である。

生のなかにも思想が存在する。潜在的な思想、何世紀にもわたって緩やかに形成されてきて、諸世代のなかに生殖液といっしょに混ざり合って自らを再生産し伝達してきた思想がである。生は上層部では革新されるが、この思想のほうはもっと深いところに床を掘っており、土中に根を張った樫の木のように人々の頭脳のなかに根を張っていて、もはや頑として動かず、そこにしっかりと嵌めこまれたまま、惰性的で受動的な存在と化している。そして生の死手(manomorta)〔教会によって永代所有され、相続税の対象から免除されていた財産〕としてそこにとどまりつづけている。われわれはこの思想の内部にまでは分けいっていない。われわれはただその思想のうえにわれわれの思想を置いたにすぎない。そして最初はあまりにも重みをかけすぎたものだから、やっこさんは肩を揺さぶってそれを地面に振り落としてしまった。そこで、われわれはもっと賢明かつ巧妙になって、おたがいに仲良くやっていこうというわけで、やっこさんに自由を与えてやって言っているのである、――さあ、動いて歩いてごらん、と。ところが、やっこさんときたら無関心そのもの、あまりちくちくやりすぎようものなら、ますますかたくなに自分のうちに閉じこもってしまい、諸君のほうに刃向かってくることだろう。自由などといったものはやっこさんにはなんの役にも立たないのであり、またわれわれにもなんの役にも立たないのである。なぜなら、われわれの思想は長期にわたる生産活動で疲れはててしまって、もはやそれをどう使ってよいものやらわからなくなってしまっているからである。それゆえに自由の行動力は相手側の抵抗力よりも弱くなってしまったのであった。しかも、その〔生のなかに潜在する〕思想のほうは、同時に意志であり、習性であり、歴史であり、伝統であり、まったき生そのものである。これと同じことは昨日生まれたばかりで諸君の悟性のなかにかろうじて居ついているかどうかといった状態の諸君の思想についても言えるであろうか。なおもわれわれのなかで意志、感情、信仰、想像力、勇気、創意、規律にはなっておらず、なおも生命の活力源にはなっていない諸君の思想についてもである。その〔生のなかに潜在する〕思想を諸君は嘲笑することはできるが、それは感じ、想像し、信じ、自分の考えていることを実行しているため、諸君よりは強いのである。人々は言う――世界精神に任せておこう、進歩に信頼しよう、時間と自由とがいっさいを成熟させてくれるさ、と。たしかに。わたしもまた人類の進歩には信頼している。しかし、諸国民の進歩には信頼してはいない。もしも過程が解体の過程であったならば、時間と自由とは死をしか成熟させはしないのだ。また、社会が健全で、なおもその諸力を汚れなきままに保持していると仮定しよう。しかし、それでは学問は彼女もまたこの世界精神の一部ではないのか。かつては彼女がすべてであった。それが今日では歴史のたんなる傍観者になってしまって、この人間と呼ばれる樹木にたいするいっさいの支配権を放棄してしまっており、最後に得た結論はといえば、なすがままにさせておけ、そのままやらせておけ、であると言うのであろうか。彼女は自然にたいしてはもっと迅速に歩くよう強制することをなしえてきたし、蒸気船をつくりだした。それが人間相手となると、社会の動きが加速しているいま、百年が十年に縮まってしまったいま、時間が自分の好きなようにふるまい、きたるべき時を成熟させるのを待とうと言うのであろうか。

万人の、そして万人のための自由は、いまではもう既得の地点であり、学問によって乗り越えられてしまっており、もはやだれひとりとして反対する者はなく、敵さえもが唱道している。学問の使命は、今日では、この自由に内容を与えることである。生の他の諸領域を侵犯することなく、それらの内部にあって働き、それらを変革することをつうじて、それらに学問自身の内容を与えることなのである。われわれはすでにあるひとつの学問的内容、あるひとつの観念総体を所有しており、それをわれわれは新しい精神と呼んでいる。残っているのは、それがほんとうに精神となることである。学問は彼女の高い領域のなかで自らの錬成と形成の過程を継続していくだろう。しかし、緊要なのは、彼女がわたしの内部にこの新しい精神をつくりだしてくれることなのだ。何百万という文字を読めない民衆がかつてわれわれの血管を揺さぶった。

民衆を啓蒙しよう、という声が方々から起こった。——ここにこそ救済策はある、読み書き算盤、道徳と宗教の教本、それに歴史と物語だ、そうすれば学問は生の最底辺部にまで分けいって、その部分をも自らに同化吸収することができるだろう、と。ところで、このような知育(istruzione)なるものはわたしをほんの少ししか満足させてくれない。諸君、諸君は堕落したローマ人たちが書物と学校をもっていなかったとでも信じているのか。あるいはまた、かれらには、道徳や宗教の教本、そしてまた著名な人物たちの歴史がなかったとでも。ローマの青年たちは徳と自由を学びにアテナイに行き、弁論家ならびにアカデメイア派の学者となって帰ってきた。そして、そのアカデメイア派の学者というのは、キケロに見られるように、当時の折衷派であり穏健派であって、ストア派とエピクロス派の中間に均衡を保持しつつ、社会的低温状態によりよく適合するような中庸のうちにとどまって、いっさいを放っておき、なりゆきにまかせておいたため、社会のほうは、それがいっさいの節度を失うにいたったあかつきには、エピクロス派であり唯物論者であることを露呈する結果となったのであった。このことを書物はかれらに言わなかった。それどころか、書物はさも賢しこげに語っていたのである。書物は語り、その一方で腐敗した自然が働いていたわけである。さて、このようにして思想と行動とが別々になっていたこと、このことこそが、まさしく、古代のわれわれの社会の内部崩壊の原因であったのであり、われわれが没落と呼んでいる当のものであったのだ。したがって、知育にかくも大いなる信頼を寄せているわれわれは、自分たちはほんとうに青年に戻ったのかどうか、かの没落はわれわれの骨と心のなかになにも残してはいないのかどうか、われわれはわれわれの肉体的かつ道徳的な諸力を汚れなきまま保持しているかどうか、とくと自問してみなければならない。しかし、もしもわれわれの病が貧血症であったならば、もしもわれわれには体をきたえ直し強化する治療法が必要なのであるとしたならば、知育はわれわれの悟性を啓蒙することはできるが、われわれの意志を治癒することはできないのである。そしてつぎに、われわれの体内に熱が欠如しているときには、われわれは学問を生みだすことも知育を生みだすこともできないであろう。反照の学問（scienza di riflesso）、われわれの娘でもわれわれの悟性の形式でもなくて、流行にしたがってフランスやドイツからわれわれのところにやってきた学問を所有することになるであろう。そして、われわれ自身でおこなう前に、イギリス人はなにをしているかとか、アメリカ人はなにをしているかと問うような始末となろう。しかも、羞恥の痛みを感じるどころか、自らを慰め、自らに拍手喝采することであろう、――学問に祖国はない、だから、それはそれが存在するところから取ってくればよいのであって、他のところにすでにできあがったものがあるというのに自分たちで頭をしぼってみたってなんの益にもならない、と開き直ってみせることによってである。しかし、これは真実ではない。学問は祖国なしには芽生えることはないのであって、学問に顔貌を与え、独自性を与えるのは、祖国なのである。学問が雑種的で他から借りてこられたところでは、それは顔貌をもたず、生の外部にとどまったままであって、われわれの内部で作用することはなく、頭脳を熱くすることがない。われわれは学問も生みださなければ知育も生みださないであろう。方法と書物、憲法、規定、法規のすべてを外部から受けいれ、大方の場合、それが生まれたところではすでに擦りきれて使われなくなってしまっている衣服をまとうことになろう。こうして、なにからなにまでいっさいが凡庸品ばかりだ。凡庸な知育、凡庸な観念。学問は、生がそうであるのと同じく、体系(sistema)である。最良の真理も、知性のなかでしかるべく配置され制限をほどこされなかったならば、虚偽でしかない。完璧な観念とは体系のなかにおける観念なのである。一方、これにたいして、凡庸な観念とは中心から逃げだした観念であって、それだけをとりだしてみれば、それも真理であれば反対物もまた真理である。そこで、社会も個人も、中心から逸脱した頭脳と化したときには、容易に反対物に移行するのであって、今日は自由を叫んでいたかとおもえば明日は権威を叫ぶようなことになるのである。われわれの生は粉々であり、切れ切れであって、言葉の面では新しいものを多分にもっているが、習俗と行為の面では古いものを多分にもっている。だから、われわれの内部では、その新しいものも、その古いものも、ともに真面目ではないのである。この生にしてこの学問あり。そして、これは逆にも言える。すなわち、この学問にしてこの生あり、と。なぜなら、学問とは頭脳のなかに反照した生であり、質料自体の産物であって、もし生が損なわれていれば学問も損なわれたものになるからであり、もろもろの奇蹟をなさないどころか、われわれを真の学問、堅実で真面目な研究に向かわせるという奇蹟さえもなすことができないであろうからである。したがって、このような学問、このような知育は、生にほとんどなんの作用も及ぼすことがないであろう。そして、それがたとえ堅実で完璧な知育であっても、われわれの病を治すことはできないであろう。われわれの病はその病巣を意志力の衰弱、道徳的諸力の弱さのうちにもっているからである。認識は力にあらず。われわれは青年層になんだかわからないが百科全書的な知識を期待しており、かれらの知識量の増進に努めてきている。しかし、だからといって、頭脳の力をも性格の力をも増進できているわけではないのだ。これらを序曲としてわれわれはわれわれの活動を下層階級にも拡大しており、いわゆる世紀の光をそれら下層階級にも広めて、かれらに学問の糧を分け与えようとしている。そして、ここに民衆文学なるものが登場することとあいなったのであった。どこからどこまでが気取りとフィレンツェ語法、どこからどこまでが縮小形、そしてかれらがトスカーナ語と呼ぶところの喜劇形式でなっており、哲学とカトリシズムのごったまぜ、無神論者と愛徳会の修道女が仲よく腕を組んでござる。こうしてわれわれはかつて悪魔がイヴの心のなかに忍びこんだときのように〈力強くしかも心地よく〉(fortiter et suaviter) 民衆の心のなかに忍びこみ、親父や司祭のどなり声の聞こえないところで禁断の木の実を味わわせることができるものと思っているのであり、嘘を手段にして真実を教えようとしているのであり、自分では意識の奥で馬鹿にしている観念を他人に吹きこんでいるのであり、司祭たちに反対の叫び声をあげながら、頭には司祭の帽子を載せているのである。こうして体質を強化し、性格を高めあげ、人間を形成しようというのである。しかし、こんな遊びにふけっていると、教師も生徒も、ブルジョワジーも民衆も、ともに堕落してしまう。ブルジョワジーのほうは偽善的で嘲笑的となり、民衆のほうは古い地に新しい塗料を上塗りするだけでおわってしまうにちがいないのである。その古い地、その何世紀来の思想は、けっして屈伏しようとはしないだろう。いくつかの観念を追放し別の観念にとって代えることはできようし、名前と形式を変えることはできようが、するとそれらを横ぎって諸世紀が力を合わせて生みだしたそれの息子が顔を出し、そしてブルートゥスに言うことであろう、——おまえをカエサルにしてやろう、と。また理性に言うことであろう、——おまえを女神にしてやろう、と。

学問のモットーはかつては制限にたいする自由であった。しかし、今日では、自由のなかに制限を復興することである。われわれは外部においてあらゆる制限を破壊し弱体化してきたが、それらをわれわれの内部に再創造することをしてこなかった。闘争の激情のなかでわれわれはそれらを憎悪し否定してきたのであり、外部においてはそれらは迷信であり抑圧であったため、われわれの内部においてもそれらをよみがえらせるような感情を圧殺してきたのであった。そしていま、われわれは空虚感のなかにいる。それらの制限こそは有機的な諸力を発達させることのできる刺激なのである。まじめで道徳的な生を創造し、動物的な利己心を除去し、犠牲と義務を受けいれることを可能にしてくれる刺激なのである。学問とは意識のなかに制限を復興し、生のすべての領域の権利を回復すること以外のなにものでもない。学問人はもっとも気高くて雄々しい人間のタイプであって、かれは信仰の対象を必要としないが、それは自らの内部に信仰の感情をもっているからであり、外的な刺激を必要とせず、メダルや称号、刑罰や褒賞、国家や法律を必要としないが、それはそれらの刺激を自らの内部ではるかに生き生きと感じているからであり、かれの意識の力に匹敵する力をもつどんな旗も存在しなければ、どんなゴンファローネも存在はしないのである。これらの内的な刺激が働いているときには、それらは、遅かれ早かれ、同様の外的な世界をも再建する力をわれわれに与えてくれるであろうし、学問と生とのあいだには調和がとりもどされるであろう。しかし、それらが脆弱にしか働いていないところでは、それらは有機的な力をもたず、すべてを戯画化し嘲笑しては満悦感をおぼえているのであり、学問と生とは別々に分離したままである。そしてそのときには、いったい、だれが諸君に諸君の外部にあって神を否定する権利を与えるというのであろうか。諸君には、諸君の内部に神を再創造して、それを外部に放射する力がないというのにである。だれが諸君に家族の遺産と連帯を否定する権利を与えるというのであろうか。諸君の内部には孤独な自分しか存在しないというのにである。だれが諸君に新しい諸形式、新しい諸制度を唱道する権利を与えるというのであろうか。ほかでもなく質料が諸君の内部においてすら損なわれてしまっているというのにである。もしも学問がこの内的な人間を再構成することができないのであれば、空虚よりは外部にあるもののほうが、たとえそれが損なわれ逸脱したものであっても、まだしもましである。これが、教養ある人々もふくめて、万人の叫びであろう。そして、これがもろもろの反動の理由を説明してくれるのである。社会は、生みだすこともしなければ組織することもしないような観念に立脚していては、長くは生きていけない。そして、さまざまな動揺を経たのち、結局は疲れはてて、諸世紀がつくりだしてきたそれの古くからの状態に戻ってしまうのである。

ことによるとわたしは誇張しているのかもしれない。しかし、わたしの周りには事実における無関心と言葉における慢心とがはびこっている。そしてやはり、この無関心は鞭打ち、この慢心はくじく必要があるのだ。わたしの心配していることがらは今日ではもっとも高い知性たちの悩みの種であり、問題中の問題であり、学問の緊急の使命である。かつてはすべてが哲学的であったが、今日ではすべてが社会的である。社会物理学あり、社会生理学あり、社会経済学あり、人類学があって、教育学があって、それらのすべてがこの大いなる病人を取り巻いている。一言でいえば社会医学と呼んでもよいような、諸科学の一個の集積体が存在しているのである。その大いなる医学はかつては知育（istruzione）であったが、その知育がドイツであらゆる実を結んでしまったいまとなっては、それだけではもう十分でなく、フィルヒョー[14]はいろいろと考えあぐねたすえ、国民教育（educazione nazionale）なるものを提唱している。学問はこの国民教育をわたしのうちで組織しなければならないのであり、カトリシズムをわたしのうちで模倣しなければならないのである。カトリシズムの力はカテキズムではなくて、人間を産着をまとっているときから奪いとって墓場に入るまでしっかりと掌握していることにあるのである。学問が何世紀も前から叩きつづけてきているものの、いまだに徒労におわっている、そのカトリシズムの花崗岩のごとき有機体のかずかずを、わたしのうちで模倣しなければならないのである。

学問にもそれぞれ時代というものがある。生は、自らが真実あるがままの姿で映し出されていると感じるところへ走っていく。人々の心臓を打ちふるわせ、生に作用を及ぼす学問こそが生きた学問なのである。今日、生は自分がなにか無関心、倦怠、空虚感を症状とする未知の病にとりつかれていると感じており、本能的に、物質とか力について語り、肉体的に強壮な人間を再建するにはどうすればよいか、道徳的に健全な人間を再生させるにはどうすればよいかを論じているところへ走っている。そして、文学と哲学、医学と道徳的諸学は、いずれもがその影響を受け、その色彩を身に帯びている。血をつくり直そう、体質を改善しよう、生命的な諸力を高めあげ直そう。これが、医学だけでなく教育学の、歴史だけでなく芸術のモットーである。生命的な諸力を高めあげ直そう、性格を強化し直そう、そして、力の感情とともに、道徳的勇気、誠実さ、自発性、規律心、雄々しい人間、ひいては自由な人間を再生させよう。イタリアの大学は今日では国民的運動からはまるで除外されてしまったかのようで、みずから中立であると言明している国家にはなんらの作用をも及ぼしておらず、また社会にもほとんど作用を及ぼしていなくて、それの臓腑をあえて調べてみようとはしていない。そして弁護士、医師、建築士の製造所になってしまっているが、もしもこの現今の学問の使命を自覚するようになるならば、もしも自分たちに与えられている自由を使って、現実の諸問題にとりくみ、核心に切りこんでいくようになるならば、もしもみずから国民的復興の指導者にして案内人になるだけのエネルギーをもつようになるならば、そのときには、かつてそうであったように、新しい諸世代の一大苗床、新しい精神の生き生きとした発光中枢に立ち戻ることであろう。

* Francesco De Sanctis, "La scienza e la vita" in: *Saggi critici*, a cura di Luigi Russo（《Universale Laterza》 ed.: Bari, Laterza, 1965), vol. 3, pp. 161-186, 《Collezione scolastica》 ed.: 1952; Id., *L'arte, la scienza e la vita. Nuovi saggi critici, conferenze e scritti vari*, a cura di Maria Teresa Lanza（Torino, Einaudi, 1972), pp. 316-340.

（1）ヴィーコ『新しい学』（第一版一七二五年、第二版一七三〇年、第三版一七四四年）参照。中央公論社刊《世界の名著》の清水幾太郎責任編集『ヴィーコ』（一九七五年、一九七九年）に清水純一・米山喜晨の両名による邦訳が収録されている。

（2）ダンテの『神曲』（一三〇四〜二一年ごろ）への言及である。ベアトリーチェの理想化については抒情詩集『新生』（一二九三年ごろ）、また正義と平和の王国としての世界帝国については『帝政論』（執筆年未詳）も参照のこと。

（3）サルピ（Paolo Sarpi, 1552-1623）はヴェネツィアの歴史家・神学者。一六〇五―七年に教皇パウロ五世とヴェネツィア共和国とのあいだで聖務停止問題をめぐって生じた衝突のさい、教皇庁の介入の不当性を主張してヴェネツィア元老院を支持し、破門される。また『トレント宗教会議の歴史』（一六一九年）ではトレント宗教会議をローマ教会の積年にわたる道徳的頽廃の極点と見なすとともに、教皇庁にたいする正面からの批判を展開している。

（4）「ミケランジェロの眠り」というのは、ミケランジェロが一五二〇年に制作を依頼され、二四年に着手して十年の歳月をかけたものの未完におわったフィレンツェのメディチ家廟墓のジュリアーノの彫像の下部の棺に横たわる『夜』の寓意像への言及である。また、ミケランジェロがジョヴァンニ・バッティスタ・ストロッツィに返答した四行詩に「わたしにとってありがたいのは眠り、そしてそれ以上に石になること……」とあり、これも念頭におかれていたものとおもわれる。

（5）「マキャヴェッリの悲哀」というのは、マキャヴェッリがたとえば『ローマ史論』第一巻第五五章において「国民のなかにきわめて高度の善意（bontà）と宗教心（religione）とが保たれている」「マーニャ（ドイツ）」と対比させつつ、イタリアにおけるそうした「善意」と「宗教心」の喪失を指摘して、「今日他をひきはなして腐敗を示しているイタリアのようなところでは、なにひとつ良いことは望めないのだ」と述べているのを指しているのであろう。

（6）ナポレオンがフランス革命を主導してきた啓蒙主義哲学者たちの空理空論ぶりを批判して、かれらを「イデオローグ（idéologues）」と呼んだことを指している。

（7）『ローマ史論』第一巻五五章参照。そこには「フランス人、イスパニア人、イタリア人はいっしょになって世界の腐敗（corruttela del mondo）をなしている」とある。ちなみに、デ・サンクティスの原稿自体にも、最初は「マキャヴェッリがイタリア、イスパニア、フランスの腐敗と呼び、これにゲルマンとアングロサクソンの生活の健全さを対置していた……」というようにあった。

（8）もとナヴァールの王で一五八九年フランスの王位についたアンリ四世が、パリ攻略中の一五九三年、カトリックに再改宗したさいに言ったといわれる「パリのためならミサにも出よう」という言葉が念頭におかれている。

（9）このデ・サンクティスの開講講演は、プロイセンとの戦争におけるフランスの敗北とパリ・コミューン事件の衝撃がイタリアの政治指導者や知識人のあいだに強烈な反響を呼び起こしていた時点でなされていることに注意されたい。
(10) ラマルティーヌ『ジロンド党史』(一八四七年)第一〇巻第九章参照。そこでのラマルティーヌの記述によれば、この言葉はモンテスキューに親炙して国民議会の形成に尽力した大革命期フランスの政治家アルフォンス・バルナーヴが吐いた言葉だという。しかし、今回の翻訳にさいして参照にしたエイナウディ版著作集第一四巻の編者M・T・ランツァの注記によれば、この言葉は一七九一年五月十三日の憲法制定議会でフランス領植民地の黒人に市民権を認めるべきかどうかをめぐって議論がなされたさいにデュポン・ド・ネムールとロベスピエールがおこなった発言が合成されてできあがったものだとのことである。前者は「利益か正義のいずれかを犠牲にしなければならないのだとしたなら、原理よりは植民地を犠牲にするほうがましだ」と発言し、後者も「諸君の幸福、諸君の自由を犠牲にしなければならないのなら、植民地を失ったほうがよい」と発言した。
(11) ここでデ・サンクティスが念頭においているのは、なによりも、プロイセンとの戦争でのフランスの敗北をまのあたりにして一八七一年に『フランスの知的道徳的改革』を著した実証主義哲学者エルネスト・ルナンのことであろう。
(12) 念頭におかれているのは、いうまでもなく、ゲーテの『ファウスト』である。なお、この「ベアトリーチェ」から「マルガレーテ」への理想像の転換については『イタリア文学史』の第七章で「生」にとっての「学問」の意義をめぐっての『神曲』におけるダンテの解決策を論じたくだりにもつぎのようにある。「その後四世紀を隔てて問題はふたたび提起されるが、そのときには問題を構成する項は変化してしまっている。出発点はもはや無知、暗き森ではなくて、学問に満腹してしまったあとの空しさ、観照の飽き足らなさ、行動的な生への欲求である。学識ゆたかで賢明なベアトリーチェは無知で素朴なマルガレーテに変貌する。そしてファウストは観照するのではなくて行動する。というか、かれの病はまさしく観照、学問の研鑽に専念していたことにあったのであり、かれが求めている治療法は生の新鮮な波に洗われることなのだ」(デ・サンクティス著/池田廉・米山喜晨訳『イタリア文学史Ⅰ　中世篇』〔現代思潮社、一九七〇年〕二二九頁)。

(13)「なすがままにさせておけ、そのままやらせておけ(laissez faire, laissez passer)」というのは、もともとはアダム・スミスがコルベール的重商主義政策に対立して提示した自由貿易論的経済政策の標語である。しかし、ここでは十九世紀後半期の実証主義的進歩思想の背後に潜んでいた宿命論を指してもちいられている。

(14) フィルヒョー(Rudolf Virchow, 1821-1902)は、生体が細胞を単位として構成された「細胞国家」であるとする説を唱えたことで知られるドイツの病理学者である。ただし、ここでデ・サンクティスが目をむけているのは、この病理学者が一方で展開したプロイセン国家の世俗化をめざしての民主主義的な闘争のほうである。かれの国民教育論もこの闘争の一環として提唱されたものであった。

II

デ・サンクティスの講演「学問と生」を読み返してみて

ベネデット・クローチェ

思考こそは他のすべてのものを生みだす生活の最高の力であり、それどころか他のすべてのものの唯一の現実なのであって、他のすべてのものの本質は思考以外のなにものでもない――と、こう言って人々が思考をほめそやすのを耳にするときにはいつでも、わたしは同じことは道徳的意志や芸術的想像力についても言うことができるし、また言われてきたのではないかと心ひそかに反問したくなる。道徳的意志についてもまた、これこそは世界の歴史の推進者であり、崇高な思考の生みの親であり、それどころか、そのような崇高な思考そのものの実体なのであって、そのような崇高な思考はそれ自体が道徳的向上の行為にほかならないと言うことができるし、また言われてきたのであった。そして、芸術家たちも、哲学者たちや使徒たちに劣らず、現実を支配する存在であり、あらゆる真にして善なる現実の創造者であると見なされているのである。わたしについていえば、わたし自身はこれまで一度も精神のあるひとつの部分や契機がその他の部分や契機にたいして優位を主張しうるなどと考えたことはない。わたしが考えてきたのは、全体こそが優位を主張しうるのであって、全体こそは諸部分の現実にほかならないということ、要するに精神そのものの優位性ということであった。思考にたいしては(ここでわたしが言おうとしているのは批判的思考のことである。これのみが真に思考と呼びうるものなのだ)、なかんずく自らを全体として定立しようと欲している思考にたいしては、わたしとしては、そのような孤立と抽象のもとにあってはそれは全体を生みだすことができないばかりか、自己自身を生みだすこと、すなわち自己自身を展開することもできないのではないか、と異議を申し立てたい。

この同じ理由からして、思考が生活の他の諸形式から離れて独立に自存しているかのようにとらえる捉え方も承認すべきではない。なぜなら、思考として定立されるその統一体自体、他の諸形式すべてといっしょに定立されるのであるからである。同じ血液が有機体全体のなかに流れているのであり、思考があるところには道徳があり、行動があり、芸術がある。しかも、そこでは思考自体と同じく、それらもまた優良で健全で精力的なありようをしているのである。

思考していながら、同時に、ほんとうに思考しようという道徳的な意志、真理を確実に探求しようという道徳的な意志をもたないでいるというようなことが、どうしてありえようか。また、この真理が探求され、ひとつの結論に到達したならば、この結論と探求と到達にいたる過程でのパトスを明晰かつ生き生きとした言葉でもって自分自身に説明しないでいるというようなことが、つまりは同時にひとつの調和のとれた美しい形式を生みださないでいるというようなことが、どうしてありえようか。はたまた、この真理が頭のなかにしかと定着されたならば、それは道徳的な欲求から生まれたのであってみれば、つぎには生活を持続していくなかで心の道徳的な態度のありようにも変更がもたらされるにいたることがないままでいるというようなことが、どうしてありえようか。たしかに、道徳的行動はそれを条件づけている思考ではないし、芸術的表現はそれに質料を提供するパトスではない。しかし、行動も表現もけっして思考を離れてはありえないのであり、それらはすべてがともに単一の精神的活動からこれの具体的な作用効果として立ち現われてくるのである。

それにもかかわらず、世の人々はいうところの学問的な知識が生活ないしは芸術から分離していると確信している。そして、このことを証明するために歴史上の例を持ち出して、道徳的な生活においては頽廃しておりながら、それにもかかわらず真理を明確に見てとって理論化してきた個人や民族、あるいは芸術の生産においては不毛であったが最良の芸術理論をつくりあげてきた個人や民族がいるではないか、と主張する。この世間一般の確信にはどのような真実がひそんでいるのであろうか。文字どおりにとれば、いまも述べたように、この確信は真実ではないのであってみればである。それらの歴史上の例はどのように解釈する必要があるのだろうか。それらについて通常あたえられている解釈にはたしかに妥当性はないのであってみればである。

もしもその学問的な知識が真の本来的な意味においての知識であり、まじめな思考であって、思考を装っただけのものでなく、干からびた鋭敏さでも詭弁的なおしゃべりでもなかったのであれば、それは道徳的な欲求から生まれたものでしかありえなかったはずであり、それの母胎となった心またはそれを受けいれた心を道徳的に活性化し行動への準備をととのえさせていたはずである。したがって、全般的な頽廃の時代にあっても、それは頽廃へと向かう何ものかではなく、いまから興隆しようとする何ものか、つまりは知的および倫理的な進歩を体現したものなのであった。そして、その知識はそれをつくりだした当人たちによって深く感受されていたのであるから、それは力強くて、生き生きとした、見るからに愉しげな、美しいひとつの形式をおびていなかったはずがないのである。その世間一般の確信を支持する者たちが通常持ち出す例はマキャヴェッリである。マキャヴェッリは偉大な思想家であるとともに偉大な著作家でもあり、さらには偉大な道徳的意識の持ち主でもあった。すなわち、かれこそはまさにかれがその見本に用いられている当の理論を否定する存在であったのだ。ところが、そのマキャヴェッリのことを世の人々はそうとは考えないのである。

しかしまた、マキャヴェッリの例は、そのような世間一般の宣告へとみちびいた動機を理解するための端緒をも開いてくれる。というのも、(つけくわえて言われているところによれば)マキャヴェッリは事態を明確に見とおしていたが、それにもかかわらずイタリアを再生させることはできなかったというのである。そして、それはかれによって野蛮の民族と呼ばれた諸民族のもとではかくも活発であった再生の勢力がイタリアにはすでに失われつつあったからなのであった。このことは言葉を換えていえば、思考はなるほど道徳性と美についてはそれらを自らと不可分離のものとして有するが、わたしたちの願望やわたしたちの夢想を実現することは思考にはできないのであって、それらが願望であり夢想であるのはまさにそれらが所与の条件のもとでは実現されえないものであるからにほかならないということを意味している。したがって、時代はマキャヴェッリをつくりだすことはできたが、当時のヨーロッパと世界の政治の状態から離れたところで、ひいてはまた当時のイタリア自体の状態から離れたところで、イタリアをつくりだすことはできなかったのであり、いわんやマキャヴェッリと同じ英雄的な心胸をそなえたイタリア人たちからなる国民をつくりだすことはできなかったのである。そしてこのことは文句なく承認しなければならない。

わたしたちの願望や夢想に援助の手を差しのべてくれるのはわたしたちの思考でもなければそれに随伴する行動でもないのであって、わたしたちの願望し夢想する行為そのもの、あるいはこう言ったほうがよければ、祈願の行為そのものである。ノックしつづければついには扉を開けてもらえるものと強く信じて祈願することだ。もっとも、しばしば諦めざるをえないことがあるかもしれない。が、そのときには、神がすくなくとも当座は扉を開けるのを望みたもうておられないのである。

わたしたちの時代には、およそあらゆる時代においてそうであるのと同様、これらの願望や夢想が数多く道徳的かつ政治的な社会生活のなかに存在している。そして、批判を本質とする思考と善き意志とにはそれらの願望や夢想を実現することができないため、思考には無能力との非難が浴びせられる。それどころか、思考を本務とする者たち自身がしばしば一種の意気阻喪と絶望感にとらわれてしまう。かれらにはかれら自身が関与している願望や理想を成就するのに求められているらしい力に比べて自分たちの力があまりにもちっぽけで弱いものにおもわれるのだ。しかし、これは思い上がりもいいところである。人間に属するものと神に属するもの、個人に所属するものと事物の経過ないしは歴史に所属するものとを混同しているのだ。歴史に人は協力するが、歴史は人の命令するがままにはなってくれないのである。諸国民会議によって導かれた平和で協調的な世界、あるいはすくなくとも連邦国家の体制をとって東方にも西方にも抵抗しうるようなヨーロッパがご所望だとしよう。で、歴史がそんなものを望まなかったとしたら？　偉大なイタリアがご所望だとしよう。で、歴史が逆にちっぽけなイタリアを望んだとしたら？　ダンテのそれにも匹敵する新しい詩、シェイクスピアのそれにも匹敵する新しい戯曲、ミケランジェロのそれにも匹敵する新しい絵画がご所望だとしよう。で、歴史が短い抒情詩や散文、そしてちっぽけな絵画やミニチュアだけを許したとしたら？　おお、ちっぽけな人間たちよ、きみたちの精いっぱい張りつめた意志でもってこのような神の摂理の計らいと意志とにいったい何を対置しようというのか。風刺漫画にふさわしい曖昧模糊とした国際連盟なのか？　ヨーロッパ人からなるアカデミーなのか？　芝居がかったナショナリズムなのか？　誇大にみせかけた詩や戯曲や偽物のシスティーナ礼拝堂なのか？　そんなものを対置するぐらいなら、わたしたちを導きわたしたちを圧倒する強大な力の前に頭を垂れるほうがまだしもましである。

頭を垂れること、しかしまたその垂れた頭をふたたび上げて、そのつど実行しうることを歴史の提供してくれる素材をもちいて実行すること。そして夢を心にもちつづけていること。というのも、夢想もそれなりに力であるからである。それらは根絶やしにすべきではなく、思考と行動の具体性に場をあたえるために抑制しておくべき力なのだ。そして、この力は、それの見返りとして、しかるべき時に思考と行動を突き動かすのである。また、とりわけ、思考にたいする争いをこれ以上続けないこと。思考は行動と美を殺してしまうと人々はいうが、思考はけっして兄弟殺しを犯すようなことはないのである。その兄は（こう呼んだからといって怒らないでほしい）それらの妹たちを殺すことはないし、それらの妹たちもその兄を殺すことはないのである。

* Benedetto Croce, “Rileggendo il discorso del De Sanctis sulla《Scienza e la vita》,” *La Critica*, a. XXII (1924), pp. 254-256 [Benedetto Croce, *Cultura e vita morale. Intermezzi polemici* (2ª ed. raddopiata : Bari, Laterza, 1926), pp. 272-276].

クローチェの自由主義

ジョヴァンニ・ジェンティーレ

数ヶ月前からどういう自由主義かは知らないが〔……〕自由主義の高邁なる防衛権を独り占めにしようとしてきたローマの新聞〔『ジョルナーレ・ディタリア』紙〕が、先日、ベネデット・クローチェの短い論考でもって自らを麗々しく飾ってみせた。その論考のなかでクローチェは自由主義を称賛して、自由主義は「文化の党」であり、「経験と省察力、歴史的感覚と複雑で錯綜した事柄についての感覚、つまりは知的および道徳的な洗練を要する理想態」であり、「将来に向かおうとする党」である、等々と述べている。(1)〔……〕

このような自由主義称賛がクローチェの口から発せられたことにすでに一部の新聞で驚きの声があがっているのをわたしは目にした。実際にも、ここで称賛されているのは、クローチェがこれまで機会あるたびに表明してきたヘーゲル的かつヴィーコ的な志向性をもつ政治的諸観念とはいちじるしく対立する民主主義的自由主義そのものなのだ。しかし、この問題はもうすこし掘りさげて検討してみる価値がありそうである。今日クローチェはファシズムにたいしていらだたしげな不快感を表明して、さまざまな色合いのイタリアの自由主義者たちに援助の手を差しのべている。〔……〕けれども、その言葉のひとつひとつを根底にまで掘りさげていってみると、クローチェの思想を形成している全哲学的教養と恒常的で最深の志向はかれをして黒シャツこそ身に着けていないがひとりの純然たるファシストたらしめる性質のものであることが判明するのである。この時点でかれに不快な思いをさせるようなことを言わねばならないのは、わたしとしてもほんとうに残念である。が、わたしたちはクローチェを愛している。そして、かれがわたしたちの傍に、またわたしたちの内部にいるのを、生き生きと感じている。それだけに、かれを過去にうち捨てたままにしておくのは〔……〕なんとしても諦めがつかないのである。そして、なおもこれから生を新しい仕方で理解するすべを修得しなければならない若い世代にかれの諸著作を読むよう勧めないわけにはいかないのである。

この自由主義称賛をクローチェ本来の立場――自分流の仕事の慣わしや個人的な趣味や好き嫌いをもった人間としてのクローチェではなくて、思想家としてのクローチェの立場であるかのように受けとって議論してみても、なんの利益にもならない。かれがナショナリストたちに知らないでいるといって非難している歴史、そしてかれ自身はとてもよく知っていると言明している歴史は、かれがみずから進んで語ろうとした歴史ではない。「われわれのリソルジメントは自由主義的であった」とかれが言うとき、それは『ジョルナーレ・ディタリア』紙でつねづね目にする主張を不注意に反復したものであるにすぎない。しかし、もしここでいわれる自由主義というのが今日ファシストたちがそれを攻撃するときに意味しているもの、また自由主義者たち自身がファシズムに反対するときに意味しているもののことであるならば、イタリア・リソルジメントは自由主義的ではなかったということ、このことをクローチェはきわめてよく知っているのだ。なぜなら、イタリア・リソルジメントの延髄をなしていたのはマッツィーニ主義である。つまりは今日いわれている自由主義の根本的な批判であり反対物であったからである。〔……〕

また哲学もクローチェ本来のものではない。強い国家および倫理的国家についてのファシストたちの理論的構築作業はかれのいうように詭弁でありたんなる言葉いじりであろうか。わたしにはむしろ、そのことを論証しようとしているクローチェの試みのほうが詭弁であり、たんなる言葉いじりに終始しているようにおもわれる。〔……〕

しかし、歴史と哲学のことはこれくらいにしておこう。この自由主義を称賛したクローチェの文章のなかでファシズムにたいする秘められた共感が感知されるのは、かれがナショナリズムを——一方では、イタリアにおけるナショナリズムが「経験を積むなかで、またとりわけファシズムの援助をえて」現実の領域においてかなりの進歩をとげたことは認めながらも——政治であるというよりはたんなる文学的運動にとどまっていると述べて非難している個所である。このような文学と政治の対置のさせ方はまったくのところファシスト的なものである。〔……〕

ところで、クローチェはわたしたちに嫌がらせをしようというのであろうか、ファシズムのうちに社会主義の対立物を見る（これは正確ではない）。ともに、社会主義の極端な民主主義に対立するものとして、ファシズムを権威主義および反動主義と命名する。そしてナショナリストたちに「権威主義的体制が存続するのは衰退過程にある諸国民のあいだにおいてだけであって、運動と上昇の過程にある諸国民のあいだでは存続性をもたない」等々と忠告している。しかし、そのような命名はクローチェにとってはなんらの重要性をもちうるものでもないのであって、かれはどちらの名称の背後にもなにひとつ具体的で現実的なものを見てとることができないのである。政治的現実は真実のところ、権威と反動といった二つの抽象的な概念よりもはるかに複雑で込み入っているからである。それに反動とはどういうことなのか。もしそれがクローチェ自身があれほど繰り返し批判してきた個人主義的民主主義への反動という意味であれば、一体全体、かれが反動的でない自由主義を欲するというようなことが可能なのであろうか。

いや、そうではないのだ。これはベネデット・クローチェ本来の思想ではないのであって、かれの思想の繊維はどこからどこまでが徹底してヴィーコ的であった。そのヴィーコ的観点からすれば、「道理が全面的にあらわとなった」民主主義の時代、すなわち、自由主義の時代、ここでクローチェが論争的意図からかれの自由主義者たちをあえてそのように描きだしているような経験に富み省察力を身につけた繊細な人間たちの高度に洗練された優雅な文化の時代は、とりもなおさず諸国民の衰退の時代にほかならない。そして諸国民は始原へ、原始の野蛮状態へ立ち戻ることによってのみ、再興しうるのである。これはまた、クローチェのもうひとりの師であり鼓吹者であったフランチェスコ・デ・サンクティスが講演「学問と生」やゾラにかんする一連の著作を著したときに抱懐していた――もっとも、本当のことをいえば、かならずしも十分明確には説明することができておらず、またしっかりと自分のものにすることもできていなかった――思想でもあった。デ・サンクティスは文相時代には体操教育の推進をも提唱しており、このときには、弟子のデ・メイスは「教授」はイタリア人の性格をつくり直すためにイタリア人を野獣状態にまで退行させようとしているのかと怪しんだほどであった。

わたしは若いファシストの諸君にはぜひともデ・サンクティスを読んでほしいとおもう。偉大な批評家であったが、それ以上に偉大な教育者であったデ・サンクティス、クローチェの称揚するデ・サンクティスをである。デ・サンクティスは〔その講演「学問と生」のなかで〕たとえばつぎのように述べている。「学問はそれ自体で生なのか、生の全体なのか。腐敗と解体の過程をくいとめ、血を新しくし、強健な性格をふたたびつくりあげることができるのか。人々は言っている、諸国民は学問によって再興する、と。はたして学問はこの奇蹟をなすことができるのか。昔の歴史に目を向けてみると、どうもそうとはおもえない。ギリシャの学問は、ギリシャ民族の解体を遅らせることも、ラテン世界の腐敗を癒すこともできなかった。イタリアにおける知的再生は、同時にイタリアの衰退の始まりであった。教養が偉大であっただけ、それだけいっそう没落は恥辱に満ちたものであった。これらの事実を前にしてみると、ヴィーコの言っていることがよくわかる。悟性は最後に生のなかに出現する。そして、より多く知り、より大人になればなるだけ、それだけいっそう感情と想像力のほうは衰弱していく。もろもろの大いなる創意やもろもろの大いなる熱情の源泉をなしている二つの力がである。学問は成熟した年齢期の産物であって、過ぎ去った年月をやり直し、ふたたび青春時代をもたらす力は、学問にはない。成熟期というのはたしかに生のうちでもっとも光り輝ける時代ではあるが、それは始まりではなくて結果であり、新しい歴史にむかっての刺激にして端緒であるよりはむしろそれまでの歴史の高貴なる絶頂である。……学問は生を犠牲にして成長する。きみは思考に多くを与えれば与えるほど、それだけ行動から多くを奪うことになる」。ここにはクローチェ哲学の全体がその神髄において提示されている。というか、クローチェの哲学においてはここでデ・サンクティスが生き生きと描きだしている思考と行動の対立が硬直症状をきたしてしまっているのだといってよい。なるほど、デ・サンクティスは偉大な自由主義者であった。が、政治的自由について、そのかれ自身がこう言っているのである。それはあくまでも仕事の道具であって、それを採用するためにはまずもって自由な人間をつくる必要がある、と。そして自由な人間を形成するための方途を指示して、それをかれは自由のうちに制限を復興することにあるとしていたのであった。若いファシストの諸君はデ・サンクティスの講演「学問と生」をぜひとも読み返してみなければならない。

　しかし、クローチェ自身にはそのような再読の必要はないのであって、かれはもともとデ・サンクティスとヴィーコを滋養液としてその思想を形成してきたのであった。だからこそ、かれはマルクス主義に共感をおぼえたのであり（マルクス主義は純然たる反自由主義である）、わたしたちファシストが攻撃している自由主義者たちの民主主義的メンタリティーにほかならないいわゆるフリーメイソン的なメンタリティーをはげしく攻撃してきたのである。また、ソレル的サンディカリズムの精神のうちにやどる宗教的で厳粛で深く道徳的なものを感じとって、ソレルの暴力にかんする著書を翻訳させたのである。そして、そこに盛られている諸観念は、ファシスト的精神の生成にも多大な役割をはたしてきたのであった。

　クローチェはここにこそ存在しているのである。そして青年たちはかれをここにこそ探し求めにいかねばならないといまもなお感じているのであり、今後もずっとそう感じつづけるだろうとおもわれるのである。〔……〕

＊ Giovanni Gentile, "Il liberalismo di B. Croce," *Epoca*, 21 marzo 1925 et *Educazione politica*, a. III (1925), fasc. 2 [Giovanni Gentile, *Che cosa è il fascismo. Discorsi e polemiche* (Firenze, Vallecchi, 1924 [sic]), pp. 153-159].

(1) Cf. Benedetto Croce, "Liberalismo," *Giornale d'Italia*, 12 marzo 1925 [Benedetto Croce, *Cultura e vita morale. Intermezzi polemici* (2ª ed. raddoppiata : Bari, Laterza, 1926), pp. 283-288].

政治教育者としてのデ・サンクティス

ルイージ・ルッソ

今日まで欠如していたのは、デ・サンクティスは戦闘的な政治家であったということの承認である。かれの生前の友人たちや同時代人にしてもそうであり、わたしたち現代人にしてもそうである。かれと同時代の者たちは、かれの政治的活動をただ無駄に精力を浪費しただけのものとみるか、あるいはかれの志向の素朴さを指摘してきた。わたしたち現代人のほうは、かれの仕事のうち歴史家および批評家としての仕事にもっぱら注意を向け、これと緊密に結びついているにもかかわらず、教育者および政治家としての仕事には関心を寄せようとしていない。しかし、デ・サンクティスは過去の歴史的再構築作業自体を意識の検証、浄化と再生、われわれの現在、すなわち実現の途上にある過去そのものとして理念的に把握された現在の反省的認識の作業であると理解していたのであって、そうであってみれば、かれの全活動は広い意味においで教育的および政治的な活動であったということができるのである。

ここでおそらくは政治家（politico）と政治教育者（educatore politico）とを区別しておく必要があるだろう。そしてデ・サンクティスは、純粋政治家に要求される手腕と建設への強靭な意志が欠けており、純粋政治家につねにともなっている情熱的かつ党派的な一面性が欠如していたので、純粋政治家でなかったとすれば、逆に卓越した意味合いにおいてひとりの政治教育者なのであった。イタリアのように、政治がずっとマキャヴェリズムとして、ひとつの実用的な技術として考えられてきた国においては、政治教育者の仕事は基本的な重要性をもっている。政治を倫理化することが教育者たちを政治化しようとする政治家たちの仕事と同じ程度に緊要かつ具体的な課題となるのだ。感覚的な政治（politica sensibile）とならんで反省的な政治（politica riflessa）が存在する。『君主論』のもろもろの実践的格率とならんで『ローマ史論』の人間的で苦悶に満ちた理想が存在する。この反省の政治（politica della riflessione）がなくては、感覚的な政治は抽象的で断片的でたんに利己的な技術でしかない。そして、それは真の政治の堕落した局面を代表しているのである。しかも、そのふたつの契機は、同じひとりの人間の精神のなかで格闘しあっている。経験的には、だれそれは政治家でだれそれは政治教育者だというように、しばしば区別されるにしてもである。そして、理念的な原則の政治についてはもはやそれがなくてもやっていけるようにみえ、いっさいが実践的な格率の政治に転化してしまったかにみえるようになると、そのときには原則が復讐にうって出るのである。それも出来事の論理そのものをつうじて、推論や論証の形態ではなくて、より即物的な事実の形態をとってである。反転と敗北。これが世事一般の教訓なのだ。

国家統一後のイタリアにおいて右派が大いなる歴史的意義を有しているのは、まさしく、政治技術以外に政治教育の理想を練りあげたからにほかならない。これにたいして、左派のほうは総じてリソルジメントの運動を推進した多くの人物たちに固有のものであった実践的目的と教育的目的との調和をうち砕いてしまったのである。こうして一八八〇年以降、イタリアには政治の純粋技術者、抜かりのない文献学的研究家は存在しており、世の人々から大いに称賛されてきたが、政治教育者、あるいは同時に国民教育者でもあるような政治家はもはや存在しない。

政治教育者の目に見えて明らかな性格はたしかに純真素朴さである。そしてデ・サンクティスは純真素朴であるといって非難されたのであった。しかし、この純真素朴さがなくては、歴史の狡知自体もその成果を達成することはできないのである。〔……〕

一八七二年十一月十六日、デ・サンクティスはナポリ大学でかれの開講講演「学問と生」を読んだ。この講演をわたしたちはかれのもっとも顕著かつ重要な政治教育上の遺書とみることができる。それは学問の無制限な力についての当時流行っていた称揚にたいする反発を表明したものであって、それのなかでデ・サンクティスはヴィーコとヘーゲルの諸観念に訴えつつ、生のなかにあっての学問の運命と機能であるとおもわれたものを列挙して、それらの観念をペシミスティックに色づけしている。学問はわが思想家の眼には黄昏時に飛び立つミネルヴァのふくろうのように映っていた。歴史が完了したときに誕生する世界史、生を照らしだしはするが生を甦らせることはない存在というわけである。これは学問というものについての狭く主知主義的なとらえ方であって、デ・サンクティス本来の具体的な歴史主義と人間主義には反している。しかし、かれは注意をうながして言うのであった。

＊＊＊

ギリシャの学問は、ギリシャ民族の解体を遅らせることも、ラテン世界の腐敗を癒すこともできなかった。イタリアにおける知的再生は、同時にイタリアの衰退の始まりであった。

教養が偉大であっただけに、それだけいっそう没落は恥辱に満ちたものであった。そして、その考察をヴィーコ流の論拠でもって固めるのであった。

悟性は最後に生のなかに出現する。そして、より多く知り、より大人になればなるだけ、それだけいっそう感情と想像力のほうは衰退していく。もろもろの大いなる創意やもろもろの大いなる熱情の源泉をなしている二つの力がである。

だから学問は生を犠牲にしてしか成長しえない。思考に多くを与えれば与えるほど、それだけ行動から多くを奪うことになるのだ。生が認識されるのは生がわれわれの前から逃げだしてしまったときなのであり、生についての理解がおとずれるのは生にたいする支配力が欠如してしまったときなのである。

信仰が欠如し、そして哲学が誕生する。芸術が没落し、そして批評が擡頭する。歴史が終焉し、そして歴史家たちが出現する。道徳が腐敗し、そして道徳家たちが登場する。政治が崩壊し、そして政治の学が始まる。

それでは学問は生のたんなる隠遁的な反省態にすぎないのであろうか。

＊＊＊

実をいえば、デ・サンクティスが学問をきびしく鞭打つのは、それが隠遁的な主知主義におちいるのをおそれていたからにほかならない。しかしまた、かれがこのようにして学問を生に論争的に対置してみせることをつうじて切望していたのは、当の学問が生といっそう強く協力するようになること、いいかえれば学問自体により精神的で具体的な実体を付与すること以外のなにものでもなかったのである。わたしたちもまた同じ論争的目的からこれらの命題を受けいれてよいのではないだろうか。かれの列挙している事例もふくめてである。というのも、実際にもかれのいうとおり、オリュンポスが人間たちの空想的なまなざしにかすんで見えはじめたときになって、ソクラテスがそこから退場していく寂しげな神々にアイロニカルな態度でもって付き従っているからであり、国家が傾いたときになって、プラトンが理念的国家を建設しているからであり、芸術が消えさったときになって、アリストテレスがそれの在庫目録を作成していうからであり、リウィウスがいまは過去のものとなってしまった栄光の歴史を物語っているからである。生が羈絆を失って孤独な個人主義に堕し、そしてセネカが道徳的箴言を研ぎ澄ますのである。生が死に、そしてプルタルコスが墓石のあいだを歩き回って著名な人々の記憶を蒐集するのである。ヴェネツィアの栄光が裏切られて売却され、運命の神が全能をほしいままにしてイタリアを転覆させてしまい、そしてフォスコロが在りし日の偉人たちに問いかけるべく〔かれらの墳墓のあるフィレンツェの〕サンタ・クローチェ寺院にこもるのである。(1)

だが、これらのことすべてを受けいれたうえで、わたしたちはそのひとつひとつに反駁して、つぎのことを認めなければならない。すなわち、ソクラテスのシレノス的な微笑は新しくてより深い宗教を告知するものであることを(信仰が死んで、それの代わりに哲学的アイロニーが姿を現わすのではなくて、オリュンポスはその薔薇色の雲のなかでは消散しはじめ、人間たちの心胸自体のなかに、もはや空想的な神話としてでなく、道徳的な生活の内的規範として降りてくるのである)。プラトンの政治的理想主義は哲学者のむなしい労作ではなくて、やがて何千年にもわたって諸国民がそれをめぐって苦闘することになる国家の倫理的実体の預言的アレゴリーであるということを。アリストテレスの詩学はたんに芸術の在庫目録にすぎないのではなくて、プラトンによって弾劾されたのちの芸術が自らをそこに映してより深い自覚を獲得するための鏡そのものにほかならないのだということを。そこではほかでもない神がその直接的な叡知のなかにあって自己についての十全な理解を獲得しているのであって、神はそのときはじめて真に神として自らを実現するのである。そしてリウィウスはたんに historicus rerum gestarum〔なされた事柄についての歴史家〕であったわけではないのであって、かれの仕事はそれ自体が rem gerere〔事柄をつくりだす行為〕であったのであり、世界の普遍的な遺産である永遠のローマを希求する生きた姿そのものなのであった。またセネカはただいたずらに道徳的箴言を研ぎ澄ましていたわけではなかったのであって、消散し法的羈絆を喪失してしまった他の者たちの人間性を自らの一身に請け戻しているのであった。プルタルコスはいまはすでに世を去ってしまった者たちについての怠惰な資料蒐集家であったわけではないのであって、これからやってくる人間たちの倦むことなき教育者なのであった。またフォスコロがサンタ・クローチェ寺院にこもり、あるいはマラトンの古戦場や荒れはてたトロイア地方を旅してまわったのは、そこで祖国の見捨てられた殉教者たちに涙するためではなかったのであって、その聖なる寂静のうちに諸国民をして再興へと突き動かす神性を目覚めさせるためであったのである。

これが要するにデ・サンクティスがかれの講演において到達することになるはずの隠された結論なのだ。たとえ言葉のうえでは反対のことを言っており、またかれの頭のなかでもかならずしも明確にはなっていなかったにしてもである。ところが、学問は祭りの後に登場するというヘーゲル的な先入見、および悟性は生のなかで最後に登場するのであり、ひいては老いの徴候であるというヴィーコ的な先入見が、かれのなかでは論争上の必要から優位を占めるにいたった。もったいをつけた学問、すべてを知っており、すべてをなす力をもっているとうぬぼれている一方で、生からますます孤立していく「博士」気取りの学問、主君然として生に説教しようとするドン・フェッランテ(2)の学問についての事実確認がかれのなかでは支配的であったのだ。そこに存在しているのは、主知主義的な学問である。断片化し中心を失った学問、祖国をもたない学問、自らの民族の歴史から切り離された孤独者の学問、自分のつくったガラスの蒸留器からホムンクルスが誕生するのを期待している学問である。そのような学問にたいしては、たしかに生の本能的な暴力、その反逆があってしかるべきである。そのような学問は「侵害者」であって、社会生活の他の諸領域に侵入し、それらのなかで自己自身を実現しようとしてそれらの性質を損なってしまう。知的にして学問的な社会、あるいはかつて言われたように哲学の王国を形成しようとするのである。もっとも、精神の最後の形式である以上、その彼女が他のすべての諸領域のなかに自己自身を求め、そしてそれが見つからないところでは力ずくでそこに押し入ろうとしたとしても、べつに驚くには当たらないのであるが。誇り高くてしかも経験がなかったため、学問は自らの力を過信し、精神から見て道理にかなっていることの明らかなものはただそれだけの理由で実践に移されるべきであり、また移すことができるものと思いこんでしまったのであった。そして彼女のモットーはといえば〈原理を失うくらいなら、植民地を失うほうがよい〉というのであった。植民地は失ったが、原理は救われなかった」〔原注〕。

〔原注〕哲学の王国の到来を夢見ていたヘーゲル派の友人たちはデ・サンクティスのこれらの反主知主義的な主張にいささか戸惑いをおぼえた模様で、デ・サンクティスが学問の力を貶下するような言葉を吐くことによって実は学問自体にもっと新しい活力を求めていたのだということを理解しなかった。ベルトランド・スパヴェンタは、デ・メイスが書き送ってきた批判的留保の手紙にたいして、つぎのように返答している。「デ・サンクティスの講演はぼくも読んだ。そしてきみが指摘しているのと同じようなことを考えた。総じてぼくの受けた美的印象はクリスマスの夜、祝砲が発射され、ベンガル花火が打ち上げられるときのあれだ」（一八七二年十二月十四日付書簡――*Dal carteggio inedito di A. C. de Meis. Ricerche e documenti desanctisiani*, IX）。クローチェも、最近デ・サンクティスの講演を論評したさい、それのもっとも奥深い要請であるところのもの、クローチェ自身がもっとも深く関心を寄せている学問と生の統一というその核心部分をつかみとろうとしたようにはおもわれない。Benedetto Croce, *Cultura e vita morale. Intermezzi polemici*, 1926（XII. Rileggendo il Discorso del De Sanctis《La scienza e la vita》), pp. 272–276 を見られたい。また、Giovanni Gentile, *Che cosa è il fascismo* (Firenze, Vallecchi, 1924), pp. 157–158 も参照のこと。唯一危険があるとすれば、それはこのような学問の貶下が行動主義を選択するよう督励したものであるかのように受けとられかねないことである。こうして、クローチェが留保するのも、ジェンティーレが過度なまでに熱烈な同意を表明するのも、事情はよく理解できる。しかしながら、デ・サンクティスにとっては、理想は学問が十分に人間的な内容のものになることであ

ったのだ。そして、学問がかれにとっては成熟しすぎた時代の異常に肥大した活動であったとか、すでになされてしまった事柄のあとにやってくる黄昏時の活動であったかのような疑念をかれが残していたとすれば、それはただヴィーコとヘーゲルの言葉の影響がかれのうちに生きつづけていたからにすぎないのである。読者はわたしの解釈をクローチェとジェンティーレの解釈とは区別して受けとめてくれるものとおもう。

＊＊＊

したがって、それは学問の過度の主知主義にたいする闘いであった。学問が進歩をなしとげるのは学問が生のうちに限界をもつことを認めた場合であるというのであった。いっさいをなしうる学問にたいして、ファウストの学問が対置される。学問から奇蹟を期待したのち、やがて自分が思い違いをしていたことに気づいて、書物を捨てて生を求め、自然と歴史の新鮮な波に洗われて自らの青春を見つけ直し、愛と信仰とを見つけ直すファウスト。いまや学問はマルガレーテという理想、無知で無意識で、信仰と愛情と想像力に富む生のまえに跪く。「凝集力をもたず、ばらばらの観念を生みだすだけの学問、古くからの有機体に新しい有機体を対置するのではなくて、ただアイロニーとカリカチュアを武器としているにすぎない学問」とは、そもそもどのような学問なのか。古くなって信用を失った有機体がこのような世をあざ笑う学問の優雅な言辞よりも長生きをし、諸制度のなおも残存する力が懐疑家たちの冷笑のただなかに降り立ち、かれらをふたたび制圧してしまうというようなことが起きたとしても、なんの不思議があろう。なぜなら、とデ・サンクティスは畳みかけるようにいう。「残るのは結局のところ組織されているものであるからであり、死んだと宣告された有機体でも、あちこちをあてどなくさすらってはアイロニーの雨を降らせて悦に入っている観念、古いものと新しいものとを支離滅裂に混ぜ合わせただけの観念、人々の頭脳のなかで成功と流行にしたがって変化していく観念よりはつねに力があるからである」と。

このようなわけで、学問とはあれこれの事柄についての思索でもなければ、あれこれの原理でもなくて、民族の歴史的な生そのもの、「民族〔人民〕popolo と呼ばれる集団的頭脳の持続的で活発な生産活動、生のあらゆる要素と勢力と利害関心とに浸された生産活動」なのであり、「その頭脳のなかにこそ、学問は自らの正当性、自らの作業の基盤を求めるべきであること」が了解されるのである。「生に沈潜すればするほど、歴史の歩みを模倣すればするほど、それらの勢力と利害関心のなかに自己自身を包み隠せば隠すほど、それだけいっそう学問の活動は効果的で膨脹力あるものとなる」。

要するに、学問もまた、生が体系であるのと同じく、体系なのだ。そして体系が欠如しているところでは、学問も生も無秩序ないしは隷従的なものと化してしまう。

最良の真理も、知性のなかでしかるべく配置され制限をほどこされなかったならば、虚偽でしかない。完璧な観念とは体系のなかにおける観念なのである。一方、これにたいして、凡庸な観念とは中心から逃げだした観念であって、それだけをとりだしてみれば、それも真理であれば、反対物もまた真理である。社会も個人も、中心から逸脱した頭脳と化したときには、容易に反対物に移行するのであって、今日は自由を叫んでいたかとおもえば明日は権威を叫ぶようなことになるのである。

これこそは主知主義（intelletrualismo）および体系性を失って断片化した学問の危険にほかならない。そして、主知主義という災厄から、反動として、もうひとつの災厄へと移行していく。直接的行動主義、行為主義、粗野で、情熱的で、激情的で、本能の奔溢において侵すべからざるものをもつ生の災厄である。実践第一主義（prammatismo）もまた、頭でっかちの学問と同様、断片的で非有機的なものでありうる。そして、そのときには「われわれの生は粉々であり、切れ切れであって、言葉の面では新しいものを多分にもっているが、習俗と行為の面では古いものを多分にもっている。だから、われわれの内部では、その新しいものも、その古い

もの も、ともに真面目なものではないのである」。この生にしてこの学問あり。両者が健全を保ちうるのは、両者が相互に制限しあい、相互に理解しあうときなのだ。

断片化した学問が勝利するとき、だれが野蛮で本能的な生の反動を阻止できようか。生の現場から引っ込んでしまった学問には諸君の外部にあって神を否定する権利はない。そのような学問には諸君の内部に神を再創造する力がないのであってみればである。そのような学問には外部の世界を非難する資格はない。たとえその外部の世界がどれほど損なわれていようともである。そのような学問は人間の内的な世界を再構成することができないのであってみればである。そのような学問には自由について語る資格はない。そこで要求される自由が「学問に正当で指導的な権限を認めず、社会を臆見の波浪と過去の残滓にまみれるがままに放置する」ものであってみればである。そのような学問の生みだした自由は「無精で非有機的な自由」である。「生をそれがたとえ解体の過程であろうとも歴史の過程にゆだねてしまっている自由、相互に衝突しあっている諸勢力をそのまま放置している自由、国家を中立的で偽善者的な存在に祭りあげ、主役よりは証人に仕立てあげている自由、抑制の手綱が手から滑り落ちるのをそのままにしている自由、無関心が人々の心のなかにはびこり、創意と道徳的勇気が欠如してしまったことを暴露している自由」である。「そして、この状態をわれわれは、なすがままにさせておけ、そのままやらせておけ、という公式のもとに隠蔽するのが普通になっているのである」。このような学問は「きみから最後の力までをも奪いさって、きみの解体を早めるような没落の意識をきみに与える以外にはほとんどなにも生みださない。こうしてしばらくのあいだ、教養あるヨーロッパは自分たちの将来に疑いをいだき、みずから年老いたと宣言し、ことによると自分たちはコサック化する運命にあるのではないかと自問したのであった。また、こうして今日、われわれラテン人はラテン人種の没落ということを口にしているのである。そして真実のところ、いわゆる歴史的宿命なるものを諦めて受けいれようとしているような民族、自らの将来への信念を失って自らの没落を予言しているような民族に、もはやどんな力が残っているというのか」。

わたしはといえば――とデ・サンクティスは若々しく付言している――、このような学問よりは、自分たちをなおも古きローマの栄光の相続人であると自負し、世界帝国を夢見ている民衆の無知のほうが好きである。

学問がこのような解体過程に達すると、もろもろの反動への道が開かれる。そして反動は万人から拍手喝采をうけるであろう。「教養ある人々からも」である。というのも、「社会は、生みだすこともしなければ組織することもしない観念に立脚していては、長くは生きていけない。そして、さまざまな動揺を経たのち、結局は疲れはてて、諸世紀がつくりだしてきたそれの古くからの状態に戻ってしまう」からである。そのときには、つぎの方策をとる以外に復活の道はない。すなわち、学問を生へとさし向け、生と同一化し、生のなかにあって目に見えないかたちで活動させる、そして生をしだいに精神的なものにしていき、意識の内的な制限を復興するというのがそれである。そのような意識の内的な制限がなくては学問が活動することも可能ではないのである。

それらの制限こそは有機的な諸力を発達させることのできる刺激なのである。まじめで道徳的な生を創造し、動物的な利己心を除去し、犠牲と義務を受けいれることを可能にしてくれる刺激なのである。

学問と生との均衡のとれたありかたのうちにこそ、学問の若返りはあり、生の規律づけはある。そして両者の相互浸透のうちにこそ、両者の共通の安寧はあるのである。学問が生を認めないところでは、アナーキーと頽廃が存在し、生が学問を認めないところでは、反動と絶対主義が存在する。血をつくり直す必要があるのだとデ・サンクティスは結論していう。「体質を改善し、生命的な諸力を高めあげ直すこと、性格を強化し直し、力の感情とともに、道徳的勇気、誠実さ、自発性、規律心、雄々しい人間、ひいては自由な人間を再生させること」が必要だというのである。

学問の腰をもっと低くさせよう。そして、その高慢げに象牙の塔に閉じこもった無精な不可知論的態度から脱け出させよう――これがデ・サンクティスの講演の要旨である。これこそは学問を救済する唯一の方途なのだ。というのも、そこでは同時に生も救済されるからである、とデ・サンクティスは考えるのである。イタリアの大学は今日では「国民的運動からまるで除外されてしまったかのようで」あって、国家になんらの作用もおよぼしておらず、また社会にもほとんど作用をおよぼしていないが――とデ・サンクティスは結んでいる――、そのイタリアの大学が「もしもこの現今の学問の使命を自覚するようになるならば、もしも自分たちに与えられている自由を使って、現実の諸問題にとりくみ、核心に切りこんでいくようになるならば、もしもみずから国民的復興の指導者にして案内人になるだけのエネルギーをもつようになるならば、そのときには、かつてそうであったように、新しい諸世代の一大苗床、新しい精神

の生き生きとした発光中枢に立ち戻ることであろう」と。〔……〕

＊＊＊

自惚れのみが強くて無能力な知識人も、破廉恥なマキャヴェリアンも、双方ともにこれまで同じく非難の的となってきた。それというのも、主知主義と実践第一主義とは同一の病のふたつの現象形態であり、わがイタリアの頽廃と没落の歴史の遺産にほかならないからである。うち、主知主義の病のほうが新しくて、十八世紀のイデオロギー的教育のうちに起源をもっている。これにたいして実践第一主義の病のほうは古く、グイッチャルディーニ流の十六世紀の著述家たちによって書かれた処世法のうちに手本をもっていた。しかし、双方とも、わたしたちの精神生活のうちに生じた思考と行動、理論と実践、理想的なものと現実的なものとのあいだの深い裂け目を証言している点では変わりがない。

こうしてデ・サンクティスの著作のなかに繰り返し登場するアフォリズム、認識は力を意味しないとか、悟性の教育は意志の教育ではないといったアフォリズムの意義が明らかになる。これらのアフォリズムは、一見したところ、悟性と思考を過小評価して、意志のほうを偏愛しているようにおもわれるかもしれない。思考そのものにやどっている行動力とは別種の、より現実主義的な行動力を求めているもののようにおもわれるかもしれない。しかし、実はそうではないのであって、それらのアフォリズムは、そのように論争的な形態をとりつつ、たとえ思弁的には明確な規定を得るにいたっていないにしても、精神的な統一の問題、同時に性格でもあるような学問、生の普遍的なヴィジョンにほかならないような行動の問題をこそ、提出し主張しようとしているのである。

* Luigi Russo, *Francesco De Sanctis e la cultura napoletana* (Firenze, Sansoni, 1959), pp. 339–355 [1ª ed.: Venezia, La Nuova Italia, 1928 ; 2ª ed.: Bari, Laterza, 1943].

(1) フォスコロ（Ugo Foscolo, 1778–1827）はイタリアの詩人・文学者。ヴェネツィア人の父とギリシャ人の母とのあいだにイオニアのザンテ島で生まれ、父の死後（一七九二年）ヴェネツィアに移り住み、当地の進歩的文化人グループと接触するなかで、ジャコバン派的理想を抱懐するにいたる。一七九七年、逃亡先のボローニャで「解放者ボナパルト」に捧げた頌詩を発表、ヴェネツィア政府を破ったナポレオン軍とともに新政府の暫定書記の任務を負ってヴェネツィアに戻るが、同年十月、カンポフォルミオ条約でナポレオンがヴェネツィアをオーストリアに割譲したのに失望して反ナポレオンに転じ、各地を転々と亡命するなか、自伝風の書簡体小説『ヤコポ・オルティスの最後の手紙』（一七九八年）をはじめ、『墓』（一八〇七年）や『グラツィエ』（一八一二―二三年）などの詩篇を著した。『墓』は、ナポレオンの布告によって都市中心部における埋葬が禁止されたのを機会に、墓という後代の人々にとっての記憶の場所を介しての霊魂の永遠不滅性について思索をめぐらせたものであって、これのなかでフィレンツェのサンタ・クローチェ寺院に埋葬されているイタリアの偉人たちの墓のことがその証拠として引き合いに出されている。また、『グラツィエ』にはヴェヌス、ヴェスタ、パラスの三女神に捧げた賛歌が収められている。
（2）ドン・フェッランテはアラゴン家出身のナポリ王フェルディナンド一世（在位一四五八―一四九四年）のこと。宮廷には芸術家や人文主義者を多数かかえていた。

デ・サンクティスに立ち戻ろう!

ジョヴァンニ・ジェンティーレ

今年〔一九三三年〕はフランチェスコ・デ・サンクティス没後五十周年にあたる。五十年のうち、忘却されていたのはわずか十二年ほどであった。偉大な著作家が世を去った直後の十二年ほどがそれである。

それは、もしこういう言い方ができるならば、意識的かつ計算されたうえでの忘却であった。というのも、当時文学研究は〔文献考証主義的な〕新しい指針のもとでイタリア文学史の再構築をめざして自己革新をとげつつあったのだが、その新しい指針の主要な代表者たちの判断によれば、そこにデ・サンクティスは自分たちの推進する革新の運動を停頓させ逸脱させせかねないような哲学的傾向を持ちこんだのであった。こうして、かれの死は、その哲学的精神がはびこらせようとした危険な芽からイタリアの学問と芸術の世界を救済してくれるもののようにおもわれたのである。

しかし、その後〔一八九五年ごろから〕デ・サンクティスは〔観念論的・理想主義的な〕新しい哲学の展開を可能にした哲学的な学問・芸術の諸形態とともにイタリア人の思考と趣味のなかに甦った。甦り、そして生前以上に、しかも、かれの声咳に接し、かれの人柄を知っていた直接の弟子たちの小さな世界を超えて、読まれ、研究され、称揚され、評価されるにいたった。〔……〕近代イタリアの偉大な著作家のうちで最近三十年間にこれほどの声価を獲得した著作家はおそらくほかにいないだろう。

それでもなお、〔……〕これだけ愛され、これだけ称賛されてきたにもかかわらず、いまだにデ・サンクティスの全集は編まれるにいたっていない。それゆえ、最良の研究成果は、たとえ遠からずして生みだされるだろうと期待しうるとはいえ、目下のところはなおも願望にとどまっている。もっとも、材料はいまではすでに用意万端整っており、なすべく残されている仕事も比較的容易になしうるものばかりであるにしてもである。全集の実現こそは偉大な師のために建立することのできる最良の記念碑であろう。

＊＊＊

なぜなら、デ・サンクティスは、その人格を記録した文書のすべてが明らかになったときには、そしてかれについての認識が今日しばしばそのもっとも熱烈な称揚者たちにおいてすらそうであるように純粋形式の美学理論および『批評論集』と『イタリア文学史』の個々の章の（文学的関心のもとで読まれた）読解から掻き集められた周知の断片的な批判的判断に制限されることがなくなったときには、よりいっそうはっきりとわかるようになるだろうが、たしかに他に比肩する者のいない最高の批評家であって、眼と心をつねに綜合のモーメントおよび生の統一性にさし向けつつ文学作品を分析することによって創造の奇蹟に立ちあうことをなさしめ、読者のひとりひとりをその感動に満ちあふれた世界の魔法の園に引きこむ。さらには、自らが表現するあらゆる時代の精神のなかに浸透していく能力をそなえた歴史家であって、その時代の精神のなかをどこまでも透明でしかも堅固かつ重厚な世界のなかにいるかのようにして動きまわることができる。しかしまたデ・サンクティスはなによりもじつに力強い文章の書き手なのであって、だれひとりとして心臓がうち震えるのを感じることなしにかれの書くものを読むことはできないのである。かれの抱懐していた観念の多くはいまではかれにおけるよりもさらに明確なかたちで他の著作家たちのなかに見いだされる。が、「真実性」という点では、これらの著作家たちとデ・サンクティスとのあいだには、千里の径庭がある。かれらの著作のうちには、かれらがそう請け合っているように、デ・サンクティスが考えたことのすべてが存在するかもしれないが、デ・サンクティス自身は存在しない。『批評論集』や『イタリア文学史』を読みはじめた青年のだれもがデ・サンクティスのうちに発見し感知するものが、そこには存在しないのだ。青年を引きよせ、縛りつけ、至上の生を生きているかのような感覚をあたえつつ運んでいく当のものが、そこには存在しないのである。実際にも、デ・サンクティスのうちには、人間の日常的な生に固有のすべてのものが、そのもろもろの対立や不協和音とともに、その喜び、その苦しみ、その悲惨とともに、その情熱と神秘に満ちた人間性の全体とともに、しかしまた照明をあてられ、秩序づけられ、融合されたかたちで見いだされる。それも、若さと力、雄々しい信念、くわえては全体性の論理と自己の世界の制作者たる人間の自由についての理性的な理解をうかがわせながらである。そこにはあらゆる疑問にたいして答えが見いだされるのだ。そこでは、さまざまな詩人たちの偉大な声が表出してきたあらゆるモティーフがひとつの広大な精神的体系のなかに受けいれられて、正当化をほどこされている。すべてのものに場所があたえられ、すべてのものがなにがしか人間的なもの、ひいては真実性をそなえているのである。ダンテもボッカッチョも、レオナルドもマンゾーニも、古典派もロマン派も、さらにはリアリズムや自然主義の作家までもが、そこでは場所を得ているのだ。〔……〕

＊＊＊

そのような普遍性の起源は人柄の良さとか多面的で広やかな才知をもって生まれたということに帰するべきではない。それの基盤はデ・サンクティスがもっていた一般には生についての、そして特殊には芸術についての観念のうちに求められる。いいかえれば、かれの哲学のうちに求められるのである。

このようなわけで、デ・サンクティスのあと、かれの芸術理論に哲学的な枠組みをあたえる者が待たれているというのがほとんど常套句になっているが、これは誤りである。真実は、デ・サンクティスの美学は哲学のなかに――今日野蛮にもそう言われているように――枠づけられるような性質のものではないのであって、もともとがあるひとつの哲学を基礎として成り立っているのである。ひいては、この哲学と一体をなしているのである。これにたいして、継承者たちの（というよりはむしろ、継承者であると称したり思いなしたりしている者たちの、と言いたいが）美学はこのような基礎をもたない。というのも、それは哲学ではなく、たんなる経験的かつ教義的な記述でしかないからである。この種の記述は定式化が容易であり、思弁的概念に疎い頭脳や哲学することを受けつけない頭脳には総じて近づきやすい。一方、デ・サンクティスの言語はまぎれもない純正の哲学で充満しているため、厳密な思考を嫌う文学者たちの皮相な知性の眼には不分明なものに映るのだ。〔……〕

知られているように、デ・サンクティスは大いなる逸脱家であった。しかし、自分が逸脱したのはあくまでも偶然的なものからであって、それは実質的なものに全身全霊をかけて集中するためにほかならない、とかれが抗議したことも同じく広く知られているところである。そしておそらくは、美学のなかに潜んでいる哲学こそは、芸術の安易かつ軽率な理論家たちがなんと言おうとも、ほかならぬ実質なのである。

いずれにせよ、デ・サンクティスを読んでみれば、かれがもろもろの哲学的逸脱をしているのではないかとの感をうけることはあっても、かれが純粋芸術についての抽象的な考察に閉じこもって、かれの言によれば形式において無化（annullato）されているところの内容についてのいっさいの考察から身を引いてしまっているというようには考えないはずである。デ・サンクティスの形式が内容を無化するのは、それを保存しつつ変形することによってである。そして、それが保存されるためには、それは存在している必要があるのだ。たしかに内容は芸術にとっては先行与件である。が、それは芸術のなかに、そして芸術にとって、そのかけがえのない価値をたずさえて実在しているのである。

＊＊＊

今日同じ問題が抽象的形式主義にたいする内容主義の反動のなかでふたたび浮上している。しかし、デ・サンクティスの形式主義は、そこで批判の的になっている抽象的形式主義とはまったく別種のものである。内容は排除されるべきでなく、それにふさわしい場所に配置されなければならない、とデ・サンクティスはつねづね忠告していた。そして、批評の仕事のなかでは、とりわけ『イタリア文学史』のなかでは、終始一貫して内容を強調している。およそあらゆる詩人がかかえていた問題は内容のうちにこそ見いだされるとかれは考えているのである。純粋な形式は、内容から切り離されたならば、たんに言葉の上だけの抽象物になってしまう。形式とは感情、魂、人間と化した生ける内容にほかならない。具体的な内容が、その抽象的な概念的形式から離脱して魂のなかに降り立ち、概念に現実性と実存性をあたえ、それをもって意識の存在様式となすのである。

こうしてまたデ・サンクティスの批評は芸術家のなかに人間を探究しようとする。しかも、その人間はなんでもよいから内容をなしているような存在ではなくて、論理であり、道徳であり、宗教的な信念である。愛する者であり、父であり、息子であり、自分の祖国と世界の市民である。それは、哲学がデ・サンクティスに教えるように、ひとつの能動的な理想が歴史的に実現され、生身の姿をとったものにほかならない。そして、この人間が存在するかぎりにおいて、芸術の問題は存在するのである。まずは芸術家にとって、そしてつぎには批評家にとってである。批評家が芸術の形式の問題に立ち向かっているということができるのは、この形式をかれが実在的で（デ・サンクティスがもちいている言葉によれば）厳粛な（serio）内容の具現態として凝視するようになるときでしかない。内容を凝視することなくしては、デ・サンクティスが語っていた意味での形式を見ることはあたわないのだ。

それゆえ、芸術の問題とは内容ないしは生の問題にほかならない。そして、それはそのままにまた哲学の問題でもあるのであって、哲学は芸術としてしか生をその具体的な実在性において見ることはできないのである。

＊＊＊

今日では、イタリア人のあいだに、意志をつちかい生の改革をもたらすことのない頭だけの教養は空虚で偽りの教養であるという確信がひろまりつつある。今日では、芸術そのもの、哲学そのものも、もはや生との機能的関連のなかにおいてしか考えることができない。すなわち、政治においても学校においても、戦場にあっても書斎にあっても、労働の場にあっても学問的省察の場にあっても、同じひとつの法則のもとに展開される生そのものの形式としてしか考えることができないのである。今日では、すくなくともイタリアでは、「聖職者的知識人（chierici）」の諸理想の純粋性を守ろうとして素朴かつ愚かにも腐心するのは物笑いの種でしかない。[1] そのような今日では、文学批評においても、そして文学批評においてのみならず、デ・サンクティスに立ち戻る必要がある。〔……〕

このことは形式から内容に立ち戻ることを意味しているのではない。そうではなくて、偽りの形式から真の形式へ、芸術家たちの芸術から生きた人間たちの芸術へ、学校と文学者たちの詩から人間的な魂の詩へ立ち戻ろうということなのである。そのような魂の詩こそは唯一詩と称されるにふさわしい真正なる詩なのだ。

形式の美学はデ・サンクティスのあとではひとつの逸脱態でしかない。最初からやり直す必要があるのだ。批評を獲得しようではないか。しかしまたイタリア人の自己教育（educazione degli Italiani）をも獲得しようではないか。

* Giovanni Gentile, "Torniamo a De Sanctis!" *Quadrivio*, a. I, n. 1 (6 agosto 1933) [*Studi e ricordi desanctisiani*, a cura del Comitato Irpino (Avellino, Pergola, 1935), pp. 203-209; Giovanni Gentile, *Memorie italiane* (Firenze, Sansoni, 1936), pp. 173-181, sotto il titolo "Francesco De Sanctis"].

（1）フランスの批評家ジュリアン・バンダ（Julien Benda, 1867-1956）は、一九二七年に世に問うた著作『知識人の裏切り』（宇京頼三訳、未來社、一九九〇年）において、第一次世界大戦期および戦後における各国の知識人たちの時局への参与のしかたを国民的利害を超越した普遍的価値に奉仕すべき知識人本来の任務に背反しているとしてきびしく非難した。このバンダの「聖職者的知識人（clercs）」概念への批判的言及である。

デ・サンクティスへの立ち戻り

アントニオ・グラムシ

「デ・サンクティスに立ち戻ろう！」というジョヴァンニ・ジェンティーレのスローガン（とりわけ週刊誌『クワドリヴィオ〔十字路〕』の創刊号を参照のこと）はなにを意味しているのか。また、なにを意味しうるのか、なにを意味してしかるべきなのか。デ・サンクティスが芸術と文学について展開した諸概念に機械的に「立ち戻る」ことを意味するのか。それとも、デ・サンクティスがかれの時代に芸術と生活にたいしてとったのと同様の態度をとることを意味するのか。デ・サンクティスがかれの時代に芸術と生活にたいしてとった態度を「模範」とみなすのであれば、つぎの点を検討すべきである。㈠その模範性はどこにあるのか、という点。㈡それに今日ではどのような態度が照応するのか、すなわち、デ・サンクティスの活動を支配し、それに特定の方向をあたえていた関心に、今日ではどのような知的道徳的関心が照応するのか、という点。

また、デ・サンクティスの生涯は、本質的には一貫したものであったとはいえ、俗にそう理解されているような意味では「一直線」のものであったとはいえない。デ・サンクティスは、その人生と活動の最終局面で「自然主義」ないし「真実主義《ヴエリズモ》」の小説に注目した。そして、この小説形式は「人民のなかへ」という一般的な運動の西ヨーロッパにおける「主知主義」的な表現であったのであり、前世紀の末期、四八年型民主主義が凋落し、都市大工業の発達によって労働者大衆が出現したのちの、いくつかの知識人グループのポピュリズムの表現なのであった。デ・サンクティスについては、論考「学問と生」、議会内左派への移行、華美な形式のうちに隠れている反動的企図への危惧、等々を想起すべきである。「性格(carattere)が欠如しているのは信念(fede)が欠如しているからである。そして信念が欠如しているのは教養(cultura)が欠如しているからだ」というデ・サンクティスの判断(1)。しかし、この場合の「教養(cultura)」とはなにを意味するのか。それは疑いもなく、あるひとつの首尾一貫した、統一的な、そして国民的拡がりをもった「生と人間についての思想」、ひとつの「世俗的な宗教」、まさしく「教養」となった哲学、すなわち、ひとつの倫理、ひとつの生き方、ひとつの社会的および個人的な行為規範を生みだすにいたった哲学を意味する。このことはなによりもまず「教養ある階級」の統合を要求した。デ・サンクティスが《文献学会》(Circolo filologico)を創設したのはこのためであった。それはナポリの「全教養人、全知識人の団結」を生みだすことを趣旨とするものであったが、しかしまたとりわけ人民的諸階級にたいする新しい態度を要求するものであったのであり、「国民的（nazionale）」ということにかんして、歴史的右派のいだいていた概念とは異なった概念、より広範で、より排他性の少ない、いってみればより「警察的」でない概念を要求するものであった。デ・サンクティスの活動のこの側面にこそ光をあてる必要があるのだ。しかも、かれの活動のこの部分は他方ではなんら新しいものではないのであって、文学者および政治家としてのかれの全経歴のなかにすでに存在した萌芽が成長をみたものにほかならないのである。

* Antonio Gramsci, *Letteratura e vita nazionale* (Torino, Einaudi, 1950), pp. 5-6 [Antonio Gramsci, *Quaderni del carcere*. Edizione cricica dell'Istituto Gramsci a cura di Valentino Gerratana (Torino, Einaudi, 1975), pp. 2185-2186].

（1）このデ・サンクティスの文言は、あとに出てくる《文献学会》への言及ともども、Francesco Torraca, 'Nel cinquantesimo anniversario della morte di Francesco De Sanctis. L'uomo," *Nuova Antologia*, a. LXVIII, fasc. 1482 (16 dicembre 1933), pp. 590-603 から採られている。

芸術と新しい文化のための闘い

アントニオ・グラムシ

芸術上の関係は、とくに実践の哲学(1)においては、少しばかりのステロタイプ化した定式を覚えこんだだけですべての扉を開ける鍵(これらの鍵は正しくは「小鉤」〔鍵がなくても錠をこじあけるのに使われる先の曲がった金具〕と呼ばれる)を手に入れたかのように思いこんでいる鸚鵡たちがどんなに軽薄で単純であるかを明らかにする。ふたりの作家が同じ歴史的‐社会的モーメントを代表(表現)しておりながら、一方は芸術家であるのにたいして、もう一方はたんなる小者にすぎないということもありうる。そのふたりが社会的に代表ないし表現しているものを記述しただけで、すなわち、ある特定の歴史的‐社会的モーメントの諸特徴を多かれ少なかれ巧みに要約することによって、問題を渉猟しおえたと考えているとしたならば、このことは芸術上の問題にはまったく擦ることすらしていないことを意味する。そうした記述や要約も有益で必要な場合もあろう。いや、たしかに有益であり必要である。が、それは別の分野においてのことである。それは政治的批判、人々の社会生活のありようの批判の分野においてのことであり、一定の感情と信念の流れ、生活と世界にたいする一定の態度を破壊し超克するための闘いにおいてのことなのだ。それは芸術の批評でもなければ芸術の歴史でもないのであって、それをそのようなものとして提示すれば、そのときには科学的諸概念を混同し、後退ないし停滞させることになってしまう。すなわち、まさしく文化闘争に固有の諸目的を追求できなくなってしまうのである。

ある特定の歴史的‐社会的モーメントといっても、それはけっして等質的なものではない。それどころか、矛盾に満ち満ちている。それが「個性」を獲得し、発展のひとつの「モーメント」でありえているのは、生のうちのある一定の基本的な活動が他の諸活動に優位し、歴史上のひとつの「頂点」を代表しているという事実によっている。しかし、このことはとりもなおさず、そこには上下関係があり、対立があり、闘争があるということを前提にしているのである。なるほど、優位を占めている活動、歴史上の「頂点」を代表している者が特定のモーメントを代表しているということになるのだろう。が、他の諸活動、他の諸要素を代表している者については、どう判断すればよいのか。これらの者もまた、そのモーメントを「代表」しているのではないのか。また、そのモーメントの「反動的」かつ時代錯誤的な要素を表現している者も、同じくそのモーメントを「代表」しているのではないのか。それとも、相互に対立し闘争しあっている諸勢力と諸要素のすべてを表現している者、すなわち、歴史的‐社会的総体の諸矛盾を代表している者を代表的であると考えるべきなのであろうか。

文学的文明の批判、新しい文化を創造するための闘いも、その新しい文化からは新しい芸術が誕生するだろうという意味において芸術的な性格のものであると考えられるかもしれないが、これは詭弁ではないかとおもわれる。いずれにせよ、おそらくは以上のような諸前提から出発することによってはじめて、デ・サンクティスとクローチェの関係、内容と形式にかんする論争の意味はよりよく理解できるものとなるのではないだろうか。デ・サンクティスの批評は戦闘的であって、「冷たく」審美的なものではない。それは文化闘争の時期の批評、生について互いに敵対的な関係にある思想の対立の時期の批評である。内容の分析、作品の「構造」についての批評、すなわち、芸術的に表現された感情の総体の論理的および歴史的‐現実的な一貫性についての批評は、この文化闘争と関連している。まさにこのことのうちにこそ、今日でも批評家をかくも共感させるデ・サンクティスの深いヒューマニティとヒューマニズムの根源はもとめられるのではないかとおもわれるのである。うれしいことにも、かれのなかには党派人としての激しい熱情が感じられる。かれは確固とした道徳的および政治的な信念をもっており、そのことを隠していない。また隠そうとこころみてもいない。クローチェは、デ・サンクティスにおいては有機的に統一され融合していた批評家のこれらのさまざまな側面を区分することに成功している。クローチェにもデ・サンクティスに見られるのと同じ文化的動機がなおも生き生きと働いている。ただ、クローチェの場合のそれはそれらの動機が膨張をとげ勝利をおさめた時期においてのものである。闘争はなおも続いているが、それは文化の（ある一定の文化の）洗練のための闘争であって、文化の生存権をもとめての闘争ではない。そこでは情熱とロマン主義的な熱気は優位に立つ者の平静さと善意に満ちた寛容のなかに組みいれられてしまっている。しかしまた、クローチェにおいても、この立場は永続的なものではない。平静と寛容とが崩れさり、抑えきれぬ不満と怒りの爆発する局面が、いつのまにか忍びよっている。しかも、それは熱気に満ちあふれた攻撃的な局面ではなくて、防御的な局面である。それゆえ、デ・サンクティスの体現している局面とは比較することのできない性質のものなのである。

要するに、実践の哲学にふさわしい文学批評のタイプを提供してくれているのはデ・サンクティスであって、クローチェでも他のだれでもない（いわんやカルドゥッチではない）。実践の哲学の文学批評においては、新しい文化、すなわち新しいヒューマニズムのための闘争、人々の社会生活のありよう、感情、世界観の批評が、審美的ないしは純粋に芸術的な批評と、たとえ風刺の形式をとってであれ、激しく燃え立つような熱気のなかで融合していなければならないのだ。

近年の文化運動のなかでデ・サンクティスの局面に対応していたのは、従属的な次元においてであるが、『ヴォーチェ』[2]の局面であった。デ・サンクティスは、いまや旧弊と化してしまった伝統文化、雄弁ぶりを競うばかりの文学とジェズイット主義（グエッラッツィ[3]とブレッシャーニ神父[4]）に対決して、イタリアに高度の国民文化を一から新たにつくりだすために闘った。そして『ヴォーチェ』は、この同じ国民文化を地方根性等々に対決しながら中間的な層に普及させるために闘ったのであった。この意味において『ヴォーチェ』は戦闘的クローチェ主義の一側面であった。というのも、デ・サンクティスにおいては必然的に「アリストクラティック」であったもの、そしてクローチェにおいて「アリストクラティック」なままに維持されていたものを『ヴォーチェ』は民主化しようと望んだからである。デ・サンクティスの任務は文化の参謀本部をつくることであった。これにたいして『ヴォーチェ』は同じ調子の文化を下士官層にひろめようとしたのであった。したがって、たとえ『ヴォーチェ』の運動からはひとりの大芸術家も出なかったとしても、その運動はひとつの役割を担っていたのであり、実質の内部にあって仕事をして、さまざまな芸術的潮流を惹起することになったのであった。それは多くの者たちが自分を発見するのを手助けし、各人がより深く内面を凝視してそれに誠実な表現をあたえることの必要性を自覚させたからである。〔……〕

* Antonio Gramsci, *Letteratura e vita nazionale* (Torino, Einaudi, 1950), pp. 6-8 [Antonio Gramsci, *Quaderni del carcere*. Edizione cricica dell'Istituto Gramsci a cura di Valentino Gerratana (Torino, Einaudi, 1975), pp. 2187-2189].

（1）マルクス主義を指す。

（2）『ヴォーチェ』La Voce（声）は、一九〇八年、フィレンツェで著作家のジュゼッペ・プレッツォリーニ（Giuseppe Prezzolini, 1882-1982）によって創刊された文化雑誌（〜一九一六年）。時代の支配的政治風土に不満をいだく青年知識人たちの種々雑多な思想潮流の交流の場となる。同誌に結集した青年知識人たちの運動の「戦闘的クローチェ主義」としての側面については、グラムシはすでに一九二六年の草稿「南部問題についての覚え書」のなかでも透徹した考察をおこなっている。アントニオ・グラムシ著／上村忠男編訳『知識人と権力』（みすず書房、一九九九年）、三七―三九頁参照。

（3）グエッラッツィ（Francesco Domenico Guerrazzi, 1804-1873）は、リヴォルノ出身の著作家・政治家。リソルジメント運動のなかで民主的・共和派的潮流に属し、統一後は左派系の下院議員として右派政府の方針に非妥協的な立場を貫く。また、『ベアトリーチェ・チェンチ』（一八五三年）をはじめとする歴史小説によって、十九世紀イタリアの国民主義的運動のなかにあっての《民衆文学》の代表的推進者のひとりとなる。
（4）ブレッシャーニ神父（Antonio Bresciani, 1798-1862）は、イェズス会士の著作家。『ヴェローナのユダヤ人』（一八五〇年）などの歴史小説によって、カトリック系の《民衆文学》運動の代表的推進者のひとりとなる。

III

国民革命幻想——デ・サンクティスからグラムシへ

上村忠男

ノルベルト・ボッビオ（Norberto Bobbio）のエイナウディ社版『二十世紀イタリアのイデオロギー的肖像』Profilo ideologico del Novecento italiano（一九八六年）（馬場康雄・押場靖志訳『イタリア・イデオロギー』未來社、一九九三年）の「序言」に興味深い記述がみえる。二十世紀前半期イタリアの思想界には、一八六一年の国家統一直後のイタリアにあって穏健派であるとマッツィーニ派であるとを問わず政治指導者一般に広く共有されていたといわれる「イタリアはつくられた、これからはイタリア人をつくらねばならない」という認識を継承して、知識人とはなによりも教育者であらねばならず、〈国民教育〉の推進こそは知識人がになっている最大の任務であるとする言説が一種の精神主義的な思想と結びついて「イタリア・イデオロギー（ideologia italiana)」として支配していたというのである。

　目録は、まずもっては世紀初めの一九〇三年、目先の「卑俗な」物質的利害にとらわれて妥協と買収工作（いわゆる「トラスフォルミズモ」）に明け暮れしてきたかにみえる国家統一以後のイタリアの政治生活のなかに人間および民族の「高き」精神的価値を覚醒ないし再興させることを期してイタリア中部の文化都市フィレンツェに結集した知識人たちのあいだで生まれた三つの文芸雑誌、すなわち、ジョヴァンニ・パピーニ（Giovanni Papini, 1881–1956）とジュゼッペ・プレッツォリーニ（Giuseppe Prezzolini, 1882–1982）の共同主宰する『レオナルド』Leonardo と、ジュゼッペ・アントニオ・ボルジェーゼ（Giuseppe Antonio Borgese, 1882–1952）の主宰する『ヘルメス』Hermes、それにエンリーコ・コッラディーニ（Enrico Corradini, 1865–1931）の主宰する『イル・レーニョ〔王国〕』Il Regno にはじまって、その後一九〇八年にパピーニと袂を分かったプレッツォリーニが現存する政党政治の枠組みの内部にあっての具体的な政策の選択よりも「人々の政治的能力の養成」こそが肝要であると唱えて創刊した『ヴォーチェ〔声〕』La Voce 誌と、そのプレッツォリーニにとって「実証主義」からの脱却と「フマニタス（精神的総合）の理念」への回帰をつうじての「哲学的精神の覚醒」を提唱して文学・歴史・哲学の雑誌『クリティカ〔批評〕』La Critica を一九〇三年にイタリア南部の都市バーリの出版社ラテルツァの支援のもとで創刊したベネデット・クローチェ（Benedetto Croce, 1866–1952）とともにかけがえのない指南役であったイタリア南部プーリア地方モルフェッタ出身の歴史学者でイタリア社会党内にあって「南部問題」の啓蒙に力を注いできたガエターノ・サルヴェーミニ（Gaetano Salvemini, 1873–1957）がこれも同じくフィレンツェで社会党脱党後の一九一一年にイタリアの当面する政治的・社会経済的諸問題への知識人たちの具体的取り組みの場を提供すべく創刊した週刊紙『ウニタ〔統一／団結〕』L'Unità へとつづく。

そして、さらには第一次世界大戦後、イタリア北部の工業都市トリーノで戦前期フィレンツェ知識人運動の理念を批判的に継承したピエロ・ゴベッティ（Piero Gobetti, 1901–1926）が「自らの歴史的伝統と、国家生活への人民の参加によって新たに生じつつある社会的諸要求とについて、明確な意識をもった政治的階級の養成」をめざして一九二二年に創刊した『リヴォルツィオーネ・リベラーレ〔自由主義革命〕』La Rivoluzione Liberale 誌から、イタリアにおける革命の条件についての獄中での省察（一九二九～三四年）の中心に「人民的–国民的な集合的意志の形成」と「知的道徳的改革」の二本の柱をすえたアントニオ・グラムシ（Antonio Gramsci, 1891–1937）の『獄中ノート』Quaderni del carcere にまでおよんでいる。

また、これら一連の知識人運動を根底において規定し鼓舞していた〈国民の教育者としての知識人〉という自己理解をもっとも雄弁に表現したものとして、二十世紀前半期のイタリア哲学界においてクローチェとならんで「理想主義」復興のもっとも権威ある推進者であったジョヴァンニ・ジェンティーレ（Giovanni Gentile, 1875-1944）の『哲学的な学としての教育学の提要』第一部『一般教育学』Sommario di pedagogia come scienza filosofica. I : Pedagogia generale から、つぎのような言葉が引かれている。

教師とは、その絶対的な精神的価値において自己を定立する精神そのものである。その本性が自己を定立し、自己を肯定し、自己を拡大し、自己を実現することであるがゆえに自己を定立する精神そのものなのだ。〔……〕このような精神性は教師のなかに集約され集中したかたちで見いだされるのであって、教師とはそこにおいてはじめて歴史を見ることが可能とされるところの鏡なのである。したがって、教師は、人々の目には、わたしたちがわたしたちの生をそれに負っているところの神的な存在の通訳者にして使者と化す。〔……〕教師は、ダンテの表現を借りるならば、時々刻々世界のなかにありながら、いかにして人間は永遠の存在となるのか、すなわち、いかにして精神的な存在となり、物質のはかなさ、および精神が自らの主体とかんがえているもの〔=物質的有機体としての人間〕のはかなさから逃れるのかを、わたしたちに教えるのである。

ジェンティーレの『哲学的な学としての教育学の提要』第一部『一般教育学』は第一版が一九一三年に出ており、その後、二〇年、二三年、二六年、三四年と版を重ねている。この版を重ねたジェンティーレの教育哲学書で謳われている右のような「教師」像のうちに、ボッビオは二十世紀前半期のイタリアにおける知識人運動を根底において規定し鼓舞していた〈国民の教育者としての知識人〉という自己理解のもっとも雄弁な表現を見てとる。とともに、その最後のこだまがグラムシの『獄中ノート』のうちにも聴きとられることにわたしたちの注意をうながすのである。ボッビオによれば、この点では、グラムシの『獄中ノート』は、それが予描している将来よりもはるかに多く過去に結びついているのであった。

＊　＊　＊

ボッビオの姿勢というか視座に偏りが感じられないわけではない。いや、「イタリア・イデオロギー」にかんする以上のようなボッビオの診断は、それ自体が明らかにイデオロギー的な性質の診断であるといってよいだろう。「イデオロギー的」といって言い過ぎならば、「好み」

と言い換えてもよい。「わたしの好みを表明することを自制はしなかった」とは「後記」でボッビオ自身が認めているところである。そこにはつづけて「わたしの共感」は「かなりの道程をクローチェとともに歩んだ非合理主義者たちよりも、かれらからあんなにも忌み嫌われた実証主義者たちのほうに」向けられているとあり、また「自分がやりもしない新奇な革命プランをたちどころにひねり出してみせる偶像破壊者たちよりも、停止しているようにみえるほど慎重な足どりで前進する保守主義者たちのほうが好きだ」とある。

また、「序言」の最後には、「イタリアが解放され民主主義的改革が始まって以降、政治と文化の統一という幻想は消滅し、知識人の直接的な政治参加の誤謬が露呈して、教育者としての知識人という旧来のいまや時代錯誤になってしまった像に、イタリア人をつくるのではなくてイタリアをつくりなおすことが問題であるような状況のもとにあって、時代の要請している諸問題を感知し明確化して、ありうべき解決策を練りあげるのに、自分たちにしかできない仕方で、つまりはなかんずく認識の力によって貢献していくことを任務とする、学芸にたずさわる者としての知識人という像が徐々にとって代わるようになった」とあるが、これなども状況についての客観的な診断記述というよりはボッビオ自身の抱懐する理想的知識人像を語ったものと受けとめたほうが適切であろう。

くわえては世代間闘争の形跡。

同書はもともとガルザンティ社刊『イタリア文学史』Storia della letteratura italiana 全九巻の最終第九巻『二十世紀』Il Novecento（一九六九年）のために一九六八年の夏から秋にかけて執筆されたものである。そして、いまわたしたちの見たエイナウディ社版の「序言」もそのときに書かれながら、紙幅の関係上一九六九年のガルザンティ社版では割愛を余儀なくされたとのことである。が、その間のこみいった事情については邦訳『イタリア・イデオロギー』の「訳者あとがき」にゆずるとして、ここでは、一九六八年の夏から秋にかけての時期というのは、イタリアでも例の学生反乱が起こり、戦後生まれの世代が主力をなす「議会外左翼」の運動が議会民主主義に基礎を置いた共和国憲法体制にたいして正面からの異議申し立てを開始しつつあった時期であることに注意したい。

ボッビオがエイナウディ社版の「後記」でうち明けているところによれば、この若い世代による共和国憲法体制への異議申し立ての動きは「まったく意想外のあまりにも苦い驚き」であったという。それというのも、ボッビオは一九〇九年にトリーノで生まれ、三一年にトリーノ大学で法学士号を取得、つづいて三三年には哲学士号も取得後、大学教師の道に進んでいるが、その一方で学生時代から反ファシズム組織《正義と自由》の運動にも関与しており、ドイツ占領軍にたいする武装レジスタンスの時期には《正義と自由》のグループが《自由社会主義》のグループと合流してできた《行動党》の一員として活動している。そして、そのかれらの闘ったレジスタンスは、念願の「民主主義革命」ではなかったにせよ、またファシズム以前の時期の制度的仕組みが復活するなかで部分的にはそれに吸収されてしまったにせよ、すくなくとも「強固な民主主義的体制を形成するための、そして共和国憲法という大いなる歴史的妥協を締結するための、基礎は置いたものとかんがえていた」からであるというのだ。

なかでもボッビオにとって我慢がならなかったのは、ファシズムの時代からポスト・ファシズムの時代への移行過程をなんらの意識の危機もなければ思想上の実質的な態度変更もなされなかった連続的な過程であったかのようにとらえて、その点でボッビオら「父親たち」の世代の「過ち」を追及しようとする若い歴史家たちの出現であった。

一九七四年の『イル・ポンテ』Il Ponte誌第六号に発表された「父親たちの過ち」Le colpe dei padri というボッビオの文章を見られたい（Norberto Bobbio, *Maestri e compagni* [Firenze, Passigli, 1984] 所収）。ボッビオと同じ一九〇九年生まれの哲学史家エウジェニオ・ガレン（Eugenio Garin）の新著『知識人とファシズム』Intellettuali e fascismo が出たのを機に書かれた文章であるが、それのなかで、実際にもボッビオは、若い歴史家たちの提出するファシズムの時代とポスト・ファシズムの時代とのあいだの「連続性」テーゼにたいする反論のための証拠として、ファシズムの終焉とともにほかでもないリソルジメントの時代からファシズムの時代にいたるまでイタリア知識人層の大半が共有してきた〈国民の教育者としての知識人〉という自己理解もまた永久に死滅したという事実をあげている。

ジェンティーレの哲学のうちに自らの姿を認めていたような文化、クローチェからサルヴェーミニにいたるまで、グラムシからゴベッティにいたるまで、時のイタリアの高名な知識人のうちでジェンティーレを教師として認めなかった者はひとりとしていなかったような文化は、たしかにここ三十年間の文化とは異なった文化である。ジェンティーレとはいわない。ジェンティーレ主義が代表していたもののすべてが、ここ三十年間の文化のなかではもはやなんらの反響をも見いだしてはいないのだ。なにかが変化したに違いないのである。だが、それではいったい、なにが変化したのか。答えよう。知識人についてのある種の像が消滅したのであり、それとともに知識人の栄誉称号をもはや今日ではだれの関心をも引かない国民的伝統のうちに探しもとめようとする努力が消滅したのである。第一次世界大戦はなおもイタリアにとってはナショナルな性格の戦争であった。が、第二次世界大戦はイタリアにとってはわが国を覇権列強の名簿から抹消してしまうことにならざるをえないような時代錯誤の民族主義的で帝国主義的な政策の破局を意味している。重要なのは、もはやイタリア人をつくることではなくて（この課題についていえば、イタリア人は解放闘争をつうじて自らの贖罪と救済を同時に達成したのである）、イタリアをつくりなおすことなのだ。もはや国民教育ではなくて、なによりもまずもっては物質的な再建であるような行動をつうじてである。

見られるように、いわれている事柄自体は、一九六九年のガルザンティ社刊『イタリア文学史』第九巻のために書かれながら紙幅の関係上割愛され、一九八六年のエイナウディ社版『イデオロギー的肖像』において復元された「序言」でいわれていることと同じである。それがここではファシズムにたいする責任問題をめぐっての世代間闘争のコンテクストのなかで持ちだされているのである。

しかし、それだけにというか、指摘者のボッビオがそれの断固たる敵対者であったからこそ、二十世紀前半期イタリアの思想界には、「イタリアはつくられた、これからはイタリア人をつくらねばならない」というポスト・リソルジメント期イタリア政治指導層の共通認識を継承して、知識人とはなによりも教育者であらねばならず、〈国民教育〉の推進こそは知識人がになっている最大の任務であるとする言説が一種の精神主義的な思想と結びついて「イタリア・イデオロギー」として支配していたというボッビオの指摘には、なるほどそうであったのかとわたしたちの認識を新たにさせるものがあるといってよい。

＊＊＊

本書は、ボッビオのいう「イタリア・イデオロギー」を「国民革命幻想」というようにとらえ直したうえで、その具体的な内実の一端を一九二〇年代から三〇年代にかけてファシズムが政権を掌握した時期のイタリア思想界においてくわだてられたあるひとつのテクストの読み返し作業のうちに見さだめておこうという意図のもとで編まれたものである。十九世紀イタリアを代表する批評家のひとりですぐれた政治教育者でもあった人物にフランチェスコ・デ・サンクティス（Francesco De Sanctis, 1817–1883）という人物がいる。一八六一－六二年新生イタリア王国の初代文相を務め、七八－八〇年にもふたたび文相。また七一年にはナポリ大学比較文学講座の教授に任命されている。主著は『イタリア文学史』Storia della letteratura italiana（一八七〇―七一年）。そのデ・サンクティスが一八七二年十一月十六日ナポリ大学でおこなった開講講演「学問と生」La scienza e la vita をめぐって、クローチェとジェンティーレ、そして文学批評家のルイージ・ルッソ（Luigi Russo, 1892-1961）と、さらには獄中のグラムシによってなされた読み返し作業がそれである。

実際にも、ボッビオのいう「イタリア・イデオロギー」とは、「イタリアはつくられた、これからはイタリア人をつくらねばならない」というポスト・リソルジメント期イタリア政治指導層の共通認識を継承しつつ、そこに〈国民の教育者としての知識人〉という自己理解を重ね合わせたところで知識人たちのあいだに生まれた「国民革命幻想」にほかならないとみてよいであろう。であってみれば、しかしながらデ・サンクティスが一八七二年十一月十六日ナポリ大学でおこなった開講講演「学問と生」こそは、おそらく、その幻想を一八七〇年九月二十日におけるローマ併合でもって国家統一の事業が一応の終結をみたのちのもっとも早い時期に、もっとも鮮明かつ雄弁に描きだしてみせたテクストなのであった。

見てみるとよい。そこでは事実、「学問（scienza）とはなにか」と問うて「学問とはあれこれの事柄についての思索でもなければ、あれこれの原理でもなく、民族〔人民〕（popolo）と呼ばれる集団的頭脳の持続的で能動的な生産活動である」との答えがあたえられたうえで、「学問はわれわれのもとで二つの偉大なものを生みだした。祖国の統一と自由である。〔……〕ただ、これらは仕事の道具ではあるが、仕事そのものではない。内部に動かされる質料がなければたちまち腐ってしまう形式である。イタリア人のいないイタリアとはなんであろう。自由な人間のいない自由とはなんであろう。内容なき形式、実体なき名辞であるにすぎない」との指摘がなされるとともに、「われわれはすでにあるひとつの学問的内容、あるひとつの観念総体を所有しており、それをわれわれは新しい精神と呼んでいる。残っているのは、それがほんとうに精神となることである。学問は彼女の高い領域のなかで自らの錬成と形成の過程を継続していくだろう。しかし、緊要なのは、彼女がわたしの内部にこの新しい精神をつくりだしてくれることなのだ」として、なによりも「イタリア人をつくること」こそが現下の〈学問〉に託されている使命であることが力説されている。そして、最後は大学で教え学ぶ者たちにふたたび「国民的復興の指導者にして案内人」になるだけのエネルギーをとりもどすよう激励したつぎのような言葉でもって締めくくられている。

イタリアの大学は今日では国民的運動からはまるで除外されてしまったかのようで、みずから中立であると言明している国家にはなんらの作用をも及ぼしておらず、また社会にもほとんど作用を及ぼしていなくて、それの臓腑をあえて調べてみようとはしていない。そして弁護士、医師、建築士の製造所になってしまっているが、もしもこの現今の学問の使命を自覚するようになるならば、もしも自分たちに与えられている自由を使って、現実の諸問題にとりくみ、核心に切りこんでいくようになるならば、もしもみずから国民的復興の指導者にして案内人になるだけのエネルギーをもつようになるならば、そのときには、かつてそうであったように、新しい諸世代の一大苗床、新しい精神の生き生きとした発光中枢に立ち戻ることであろう。

このデ・サンクティスの、実をいえばおこなわれた当座こそ話題になったものの、その後はほとんど顧みられることのなかった講演が、一九二〇年代から三〇年代にかけてファシズムが政権を掌握した時期に、突如忘却の淵からよみがえったかのようにして、当時のイタリア思想界をリードするクローチェとジェンティーレという二人の大御所、さらにはともに両者の深い影響下で思想形成をとげたルッソやグラムシらによって読み返されるところとなったのであった。しかも、そのかれらの読み返し作業にあっても、まさに講演の最後で〈国民の教育者としての知識人〉という理解に立ったところから大学で教え学ぶ者たちにたいしてなされている「国民的復興」の運動への積極的関与の呼びかけこそが読み返しの最大の動機となっているのであった。ボッビオのいう「イタリア・イデオロギー」はここにその存在のひとつの確たる証拠を残しているといってよいのである。編訳してみたゆえんである。第I部に「学問と生」の全訳を掲げたのち、つづいて第II部にクローチェ、ジェンティーレ、ルッソ、グラムシのテクストのなかから各自の読み返し作業の特色がよく出ているとおもわれる部分を抄訳して収めてある。

なお、フランチェスコ・デ・サンクティスという人物については、その主著『イタリア文学史』の翻訳出版がかつて一九七〇年代初めに現代思潮社で企画されたことがあるものの、わが国ではまだ知る人は多くないのではないかとおもわれる。そこで、その経歴をいますこし詳しく紹介しておくならば、生年月日は一八一七年三月二十八日、イタリア半島南部イルピニア（現在のアヴェッリーノ州）のモッラという小さな村に生まれている。九歳のときにナポリに出て叔父のドン・カルロ・マリーア（don Carlo Maria）の家に身を寄せ、叔父が自宅で開いていた私塾で五年間初等教育を受けたのち、三一年から二年間、ロレンツォ・ファッツィーニ（Lorenzo Fazzini）という司祭が開いていたリチェオ・レヴェルの私塾に通学。さらに三三年、十六歳のときに文学者で国語純化運動の推進者であったバジリオ・プオーティ（Basilio Puoti, 1782-1847）のイタリア語学校に入って師の講義に深い感銘をうけ、文学研究の道に進むことを決意。そして四一年四月、二十四歳でヌンツィアテッラ王立陸軍士官学校の文法の教官に任ぜられるが、一八四八年五月学生たちとナポリ蜂起に参加して罷免。五〇年に逮捕され、三二か月間の獄中生活ののち、トリーノに亡命する。

一八五四年からトリーノ大学でダンテについての講義をおこなう一方、『チメント〔試み〕』Il Cimento誌の同人となって、同誌に十八・十九世紀のイタリア文学にかんする最初の諸論文を発表。さらに五六年からはチューリヒ工科大学の教授職につき、ダンテやペトラルカについて講義するが、一八六〇年、ガリバルディが千人隊を率いてシチリアに出兵するとの報に接して、同年八月ナポリに帰郷。パレルモからカラブリアを通ってナポリに進撃してきたガリバルディによってイルピニア総督に任ぜられ、当地を新生イタリア王国に併合するための人民投票の準備と成功の過程で大きな役割を演じる。

一八六一年二月、第一回総選挙で下院議員に選出され、さきにふれたように同年三月に組閣されたカヴール内閣の文相に就任。六月六日カヴールが死去してリカーソリ内閣が誕生するが、そのまま留任し、同内閣が倒れた翌年三月まで文相を務める。

その後ふたたび文筆生活にもどり、一八六六年、それまでの文学研究の成果を『批評論集』Saggi critici と題して出版。つづいて六九年にはナポリの出版社モラーノから依頼されてイタリア文学史の執筆にかかる一方、文学作品の研究において形式と内容の有機的連関把握を重視する自らの理論的立場を明確にした『ペトラルカについての批評』Saggio critico sul Petrarca を出版。七〇年八月、『イタリア文学史』Storia della letteratura italiana 全二巻のうちの第一巻の執筆が完了して出版され、翌七一年末には第二巻も出版される。この間、政治的には当初の穏健派的立場から転じて左派色を強めていっており、七〇年九月二十日イタリア王国軍が教皇領のローマに無血入城したさいには占領統治のための左派委員会のメンバーに選出されている。

一八七一年十月、これもさきにふれたようにナポリ大学比較文学講座の教授に任命され、翌年度から十九世紀イタリア文学にかんする講義を開始する。講義はマンゾーニからはじまって、カトリック自由派、民主主義派、レオパルディへと展開していった。「学問と生」は、こうして比較文学講座の教授に任命されたナポリ大学で同僚から七二‐七三年度の開講講演を要請されて七二年八月に執筆され、同年十一月十六日に同大学で催された開講式で読まれたものである。原稿はその年のうちにモラーノから小冊子のかたちで出版された。同じく七二年には『新批評論集』Nuovi saggi critici も出版されている。

一八七八‐八〇年、これまたさきにふれたように第一次および第二次カイローリ内閣の文相を務めるが、眼病が悪化して八一年元旦に辞任。そして八三年十二月十九日、ナポリで死去。

享年六十六歳。この最晩年の時期にはとりわけエミール・ゾラらの自然主義文学への関心を強めていっており、生前最後の講演は八三年三月にローマでおこなった「芸術におけるダーウィニズム」Il darwinismo nell'arte であった。

＊＊＊

さて、ここでは解説文としての紙幅がゆるす範囲で問題の要点をかいつまんで見ておくとして、まずはデ・サンクティスの開講講演「学問と生」についてであるが、右に概観した経歴からもうかがえるように、フランチェスコ・デ・サンクティスという人物にあっては批評家としての活動と政治家としての活動とが教育者としての活動に媒介されて密接不可分離の関係を形づくっている。そのようなイタリアにおける国家統一運動期の傑出した政治教育者であったデ・サンクティスの活動を青年期から支え導いてきた思想が一八七〇年九月二十日におけるローマ併合でもって国家統一の事業が一応の終結をみた直後の時点で一個の凝縮的な表現にもたらされたもの——それが「学問と生」というテクストなのであった。しかしまた、それがそのような時点で書かれたものであったということは、とりもなおさず、それがあるひとつの時代ないしは世界からもうひとつの時代ないしは世界への危機的な転換過程の所産であったということをも意味している。一八七〇年九月二十日のローマ併合とともに「政治的」諸問題の時代が終わって「社会的」諸問題の時代が始まったというのは、デ・サンクティス自身が当時さまざまな機会をとらえて口にしていたことである。

だが、このような一八七〇年九月二十日のローマ併合とともに「政治的」諸問題の時代が終わって「社会的」諸問題の時代が始まったという認識にもまして開講講演「学問と生」におけるデ・サンクティスの議論を大きく支配しているのは、ほかでもない新生イタリア王国軍にローマへの無血入城のまたとない機会をもたらすことになった一八七〇－七一年の戦争におけるフランスの敗北とプロイセンの勝利である。

この事件がデ・サンクティスにあたえた衝撃がどれほどのものであったかは、たとえばわずか一年ほど前に書かれた『イタリア文学史』におけるそれと比較した場合の「学問と生」におけるフランス革命についての評価の一八〇度といっても過言ではない転換のうちに見てとることができる。『イタリア文学史』においては、フランス革命は世俗的かつ反封建的な近代の知的社会的運動全体の勝ち誇れる実現というようにとらえられていた。ところが、「学問と生」においては、それは自由をもとめて無秩序をもたらし、法的平等の名の下に事実上の不平等を生みだして、階級間にかつてなく激しい憎悪を亢進させる結果におわった社会的危機以外のなにものでもないのであった。ひいては、啓蒙主義も、その「理性」への訴えかけの具体性を抑圧的な過去の歴史的現実から引き出しつつアンシアン・レジームに反対して闘った運動ではもはやなく、たんに伝統を主知主義的な姿勢のもとで転覆しようとくわだてたものであるにすぎない。事実、「学問と生」には、十八世紀末から十九世紀前半期のフランスにおける〈学問〉の〈生〉へのかかわり方を総括してつぎのようにある。

これは学問の影響力が目に見えて明らかな最初の試練であった。革命であるよりは、社会にたいする自然の反動、制限にたいする自由の反動であった。それぞれの社会的勢力は、その若さを思う存分発揮しようとして、行き過ぎ、過激化する。世俗的なものではない宗教が世俗的なものであろうとする。そして一方では国家のほうも侵害する。家族を侵害し、都市を侵害し、国民を侵害する。学問もまた侵害者であって、社会生活の他の諸領域に侵入し、それらのなかで自己自身を実現しようとしてそれらの性質を損なってしまう。知的にして学問的な社会、あるいはかつて言われたように哲学の王国を形成しようとするのである。〔……〕誇り高くてしかも経験がなかったため、学問は自らの力を過信し、精神から見て道理にかなっていることの明らかなものはただそれだけの理由で実践に移されるべきであり、また移すことができるものと思いこんでしまったのであった。そして彼女のモットーはといえば〈原理を失うくらいなら、植民地を失うほうがよい〉というのであった。植民地は失ったが、原理は救われなかった。

そして、片や〈学問〉が「制限」の内部にあって働きつつ「それらをひとまとめにしてわれわれが人間と呼んでいるところの道徳的諸力」の全人的な養成をなしとげている「アングロ・ゲルマン民族」の場合についての、ほとんど手放しといってよい讃美の言。

ラテン社会では自らが吸収し消化しうる以上のものを飲みこんでしまった学問も、アングロ・ゲルマン民族の生のなかにあっては、逆に控え目な補助者の立場にとどまりつづけていた。〔……〕アングロ・ゲルマン民族の生のなかでは、学問は、制限の外にあって制限に反対してではなくて、制限の内部にあって働いていた。そして、自らは生を高所から照らしだすにとどまって、生の内部に混ざりこむこともなければ、生に暴力を加えることもなく、その自分の控え目な役割に満足していた。こうして、教会、都市共同体、階級、家族、国家、法律がいまもなお生きているのであり、今後も長きにわたって生きつづけるとおもわれるのである。これらの制限はいずれも尊重されていて、その声は人々の心のなかになおも強く響きわたっている。そして、その人々の心のなかにあって、生産的な諸力を刺激し発達させているのである。また、学問と自由も、ともに生きている。良心、言論、結社のもっとも広範な自由がそこでは生きているのである。このような自由さえもが危険な存在ではなくてひとつの力なのだ。というのも、悟性の飛翔も、そこではなおも完全無垢な社会的諸力のうちに自らの制限を有しているからである。宗教的感情、規律心、強靭さ、道徳的勇気、義務と犠牲の意識、自然と家族への愛、権威の尊重、法律の遵守、等々、それらをひとまとめにしてわれわれが人間と呼んでいるところの道徳的諸力すべてのうちに制限を有しているのである。ドイツを偉大にしたのは学問であると人々は言っている。しかし、ああ! 諸君、諸国人民を偉大にするのはこれらの道徳的諸力なのだ。そして学問はそれらの諸力を創造することはないのであって、ただそこに現に存在しているのを見いだすにすぎないのである。〔……〕

こうしてまた、いまやフランスではなくてドイツこそがデ・サンクティスにとっての政治教育上のモデルとなる。「学問のモットーはかつては制限に反対する自由であった。しかし、今日では、自由のなかに制限を復興することである」。こうデ・サンクティスはあえて「反動」呼ばわりされることもおそれずに言い放ってはばからない。これが四八年のナポリで民衆蜂起に身を投じた同じ自由主義者の言葉であろうとは、一八七〇-七一年の戦争におけるフランスの敗北とプロイセンの勝利があたえた衝撃を考慮に入れないかぎり、およそ説明不可能であるといわざるをえないだろう。留意をうながしておきたい。ちなみに、ナポリ大学での開講講演がおこなわれた二年後の一八七四年一月二十三日、下院で義務教育制度の導入にかんする議論があった。そのさいにもデ・サンクティスは「もしわれわれが真面目で精力的な教育を組織しようと欲しているのであれば、わけても義務教育の問題にかんして真摯にとりくんできたことで有名な国をすこしは参考にすべきであろう。その国とはすなわちドイツのことである」と述べている。また、さらには数年後の一八七八年、カイローリ内閣の文相をひきうけたときにはデ・サンクティスは学校教育課程に体操の授業を導入することを提案しているが、その趣旨説明を同年五月三十日の下院でおこなったさいにも、プロイセン政府が七〇年の勝利ののち体操教育のいっそうの強化に努め、それを学校だけでなく軍隊にも拡大したことに議員の注意喚起をもとめている。

それにしても、「学問と生」というテクストは、論の展開がことのほか晦渋で、かつまた多義的である。文体にもあちこちに濁りが生じており、重畳反復と逡巡が目立つ。あの『イタリア文学史』の簡潔かつ雄勁にして明澄な文体はどこへ行ってしまったのか。『フランチェスコ・デ・サンクティスにおける学識とイデオロギー』Cultura e ideologia in Francesco De Sanctis（一九六四年）の著者セルジョ・ランドゥッチ（Sergio Landucci）によれば、それは、自由主義の実現をめざした運動の破産がいまや明らかであるかにみえたなかにあって、その運動に内在する矛盾を最後まで徹底して生きぬき、ありのままに表現にもたらそうとしたがゆえの多義性であり、濁りではないかという。そういうことなのであろうか。

＊＊＊

つぎには、このデ・サンクティスのナポリ大学における一八七二年十一月十六日の開講講演「学問と生」をめぐって、一九二〇年代から三〇年代にかけてファシズムが政権を掌握した時期のイタリア思想界においてクローチェとジェンティーレ、そしてルッソとグラムシらによってくわだてられた読み返し作業についてであるが、これらのうちでは、最初に収録しておいたクローチェの一九二四年の『クリティカ』誌に発表された論考のみが、デ・サンクティスの議論にたいして独り全面的に否定的であるようにみえる。いいかえるならば、ボッビオのいう

「イタリア・イデオロギー」から比較的自由であったようにみえる。

また、わたしが「国民革命幻想」というように規定したボッビオのいう「イタリア・イデオロギー」は、二十世紀前半期のイタリア思想界においてはなによりも「倫理的国家（Stato etico）」の実現にむけての努力となってあらわれていた。「倫理的国家」という言葉は、もともと、ヘーゲルが『法哲学綱要』（一八二一年）のなかであたえている「倫理的理念の現実態としての国家」という規定をふまえて、生年も没年もデ・サンクティスと同じ哲学者のベルトランド・スパヴェンタ（Bertrando Spaventa, 1817–1883）を主導者とするナポリのヘーゲル学派がつくりだしたものであった。それをファシズム時代には主としてジェンティーレ派に属する法哲学者や政治哲学者が継承して、熱っぽくその実現を説いていたのである。そして、このジェンティーレ派による議論を獄中で注意深く追っていたグラムシによれば、それはなによりも「知識人をアリストクラシー〔指導層〕とする国家」であるとのことであった。

だとすれば、デ・サンクティスもさきの一八七四年一月二十三日の下院で義務教育制度の導入にかんする議論があったさいにおこなった演説のなかで政府提案の意味するところを斟酌して「それはイタリアの知識階級（classe intelligente）が国の政治的統一をなしとげたのち、いまや知的道徳的な統一をなしとげようとしているということなのである」というように解釈してみせているが、そのときデ・サンクティスが実現を期していたのも、ランドゥッチも注意をうながしているように、そのような「知識人をアリストクラシーとする」「倫理的国家」にほかならなかったとみることができる。

これにたいしてクローチェのほうはどうかとみれば、クローチェはなおもジェンティーレとのあいだに友好な協力関係を維持していた一九〇八年の時点でもすでにたとえば『クリティカ』誌に発表した論考「哲学的覚醒とイタリア文化」Il risveglio filosofico e la cultura italiana のなかで「わたしは国家教育の問題にそれなりの意義を認める者ではあるが、その最大の代表者の名にちなんで〈ヘーゲル的〉と呼んでよいであろうような考え方からはいくばくか距離を置きたい」と釘を刺している。「もしも国家がヘーゲル哲学におけるように倫理的理念の具現態、すなわち、事実へと翻訳された倫理性そのものであると定義されてしまえば、あらゆる改革は国家を介しての国家のおこなう改革でしかありえず、多くの者たちが提唱しているところの自由は私的専横であり、あらゆる私的専横がそうであるのと同様に不道徳的であるということになってしまうのは、明らかである」というのであった。

だが、あざむかれてはならない。実をいえばクローチェこそはデ・サンクティスを没後ほぼ十年におよぶ忘却ののちに最初に復権させた人物なのであった。しかも、そのさい、一八七二年のナポリ大学での開講講演に集約的な表現を見いだしていた「教育者としてのデ・サンクティス（De Sanctis educatore）」の重要性を他のだれにもさきがけて指摘した人物にほかならないのである。実際にも、クローチェは一八九八年、ナポリ大学でのマンゾーニにかんする講義録をはじめとするデ・サンクティスの未刊行草稿類やすでに入手困難になっていた著作類をあつめた『雑纂』Scritti vari inediti o rari 全二巻をモラーノから出す労をとっているが、そこには「学問と生」も「イタリアの再生と道徳的および政治的な教育の問題に腐心していた」晩年のデ・サンクティスの問題関心のありようがよくうかがわれるテクストのひとつであるとして収録されている。また同年四月、ナポリのアッカデミア・ポンタニアーナで読まれた「フランチェスコ・デ・サンクティスとその最近の批判者たち」Francesco De Sanctis e i suoi critici recenti という論考では、デ・サンクティスの批評態度を「内容空疎な美辞麗句をもてあそぶレトリシャン」のそれであると批判したマッツィーニ的共和派の愛国主義詩人ジョズエ・カルドゥッチ（Giosuè Carducci, 1835–1907）に反論して「文学、学問、教育と生との関係をデ・サンクティスほど有機的かつ統一的なしかたで考えていた者はほとんどいない」とするとともに、「わたしのように政治的にはデ・サンクティスの立場と結びついていない者でも、かれの倫理的諸概念がいかにしっかりとしたものであるかは承認せざるをえないのであり、デ・サンクティスを偉大な教育者（il grande educatore）として尊敬しないわけにはいかないのである」と述べている。クローチェも、根っこのところではボッビオのいう「イタリア・イデオロギー」と深くつながっていたのであり、その形成に責任のすくなくとも一半を負っているのであった。

このようなわけで、一九二四年の論考においてクローチェが「思考していながら、同時に、ほんとうに思考しようという道徳的な意志、真理を確実に探求しようという道徳的な意志をもたないでいるというようなことが、どうしてありえようか」と問い、「もしも学問的な知識が真の本来的な意味においての知識であり、まじめな思考であって、思考を装っただけのものでなく、干からびた鋭敏さでも詭弁的なおしゃべりでもなかったのであれば、それは道徳的な欲求から生まれたものでしかありえなかったはずであり、それの母胎となった心またはそれを受けいれた心を道徳的に活性化し行動への準備をととのえさせていたはずである」と主張して、〈学問〉が〈生〉とのあいだに歴史的に生みだしてきた二律背反的な関係についてのデ・サンクティスの省察の意義を「思考があるところには道徳があり、行動があり、芸術がある」という一般論の名のもとにいわばへし折ってしまうような議論を繰りだすとき、そこにわたしたちは起源におけるデ・サンクティスとの出会いにまつわる記憶のうちのとりわけ「偉大な教育者」にかかわる部分の隠蔽ないし抑圧を見ないわけにはいかないのである。

あるいは、当時クローチェは思考と行動の関係をめぐって「純粋行為（atto puro）としての精神の一般理論」なるものにもとづいて両者の行動主義的な絶対的統一を主張するジェンティーレとのあいだで激しい論争のさなかにあった。そして、そのなかでジェンティーレのほうが思考と行動の統一を媒介する存在としての「知識人＝教育者」論をことのほか強く押しだそうとしたこともあって、起源におけるデ・サンクティスとの出会いにまつわる記憶のうちのとりわけ「偉大な教育者」にかかわる部分が再浮上する気配を見せつつあった。一九二四年の論考はこれにたいする一種の反動形成なのであったといったほうが適当であろうか。

しかも、それだけではない。クローチェの起源におけるデ・サンクティスとの出会いにまつわる記憶の隠蔽ないし抑圧という点にかんしては、ほかにもさらにひとつ興味深い事実がある。クローチェは一八九六年、これもモラーノからデ・サンクティスの『十九世紀イタリア文学講義』Le lezioni sulla letteratura italiana del secolo XIX を編集して出しているが、それに付した序文で「デ・サンクティスは生と文学とを緊密に結びつけた。〔……〕ロマン主義、ネオ・カトリシズム、形而上学的観念論、進歩の理論、折衷主義、その他もろもろの観念的表現をかれはつねにそれらの現実的ないし事実的な条件に引き戻してとらえている」と指摘するとともに、「このようなわけで」と言葉を接いで「今日人口に膾炙して唯物論的歴史観と呼ばれているものがしばしばかれのうちにその非教条的な代弁者を見いだしているのが認められる」と書きつけているのだ。

一八九六年といえば、前年の春かねてより面識のあった哲学者のアントニオ・ラブリオーラ(Antonio Labriola, 1843-1904) から送られてきた「共産党宣言を記念して」In memoria del Manifesto dei comunisti という論考に目をとおして啓示を受けたかのような驚異に打たれ、以後の数年間をマルクス主義研究に没頭することとなったクローチェが、そのマルクス主義研究の最初の成果である「唯物論的歴史観について」Sulla concezione materialistica della storia をアッカデミア・ポンタニアーナの『紀要』に発表した年であったが、これのなかでクローチェはマルクスの歴史観の特徴を「唯物論」ではなく、歴史的諸事実についての現実主義的なとらえ方にあるものと受けとめて、「唯物論的歴史観」あるいは「史的唯物論」という呼称に代えて「現実主義的歴史観」という呼称を採用するよう提案している。デ・サンクティスの『十九世紀イタリア文学講義』に付した序文における右の述言は、クローチェが当初、そうした「現実主義的歴史観」という点でデ・サンクティスの思想にはマルクスの思想とのあいだに共通するものがあるとみていたことを証し立てているのである。

ところが、やがてクローチェは一九〇〇年ごろから「精神の学としての哲学」の体系化に乗り出す。そして、その過程で、自らの思想形成にマルクス主義との出会いがおよぼした影響についてはその痕跡を可能なかぎり消し去ろうと努力するようになる。ひいては、これと並行して、デ・サンクティスの思想のうちに当初つかみとっていた「現実主義的歴史観」という点でのマルクスの思想との共通性についても、これまた「偉大な教育者としてのデ・サンクティス」という部分と同様に隠蔽ないし抑圧していったもののようなのである。

＊＊＊

したがって、ついではジェンティーレが一九二五年三月二十一日付の『エポカ』Epoca紙に寄せた「クローチェの自由主義」Il liberalismo di B. Croceという文章のなかで「自由主義者クローチェ」なるものがいかに欺瞞的な虚像であるかを指摘して「かれはもともとデ・サンクティスとヴィーコを滋養液としてその思想を形成してきたのであった。だからこそ、かれはマルクス主義に共感をおぼえたのであり（マルクス主義は純然たる反自由主義である）、わたしたちファシストが攻撃している自由主義者たちの民主主義的メンタリティーにほかならないいわゆるフリーメイソン的なメンタリティーをはげしく攻撃してきたのである。〔……〕クローチェはここにこそ存在しているのである」と述べたとき、このジェンティーレの指摘はたしかにみごと相手の急所をついた指摘であったといってよい。

しかしながら、そのジェンティーレのデ・サンクティスとは、これはまたなんと罪作りなデ・サンクティスであったことか。なるほど、罪の一部はデ・サンクティス自身にもあったにしてもである。ルイージ・ルッソも一九二八年に世に問うた『フランチェスコ・デ・サンクティスとナポリ文化』Francesco De Sanctis e la cultura napoletana の本書に抄訳しておいた第十二章「政治教育者としてのデ・サンクティス」のなかで「〔「学問と生」におけるデ・サンクティスの議論に〕唯一危険があるとすれば、それはこのような学問の貶下が行動主義を選択するよう督励したものであるかのように受けとられかねないことである」と注記しているようにである。ルッソはつづけて「こうして、クローチェが留保するのも、ジェンティーレが過度なまでに熱烈な同意を表明するのも、事情はよく理解できる」と述べているが、そのジェンティーレの「過度なまでに熱烈な同意」がファシズム政権下のイタリア思想界にもたらした影響効果にはまことに重大なものがあったといわざるをえないのである。

その影響効果のほどは、実のところ、ルッソがさらにつづけてこころみている「しかしながら、デ・サンクティスにとっては、理想は学問が十分に人間的な内容のものになることであったのだ。そして、学問がかれにとっては成熟しすぎた時代の異常に肥大した活動であったとか、すでになされてしまった事柄のあとにやってくる黄昏時の活動であったかのような疑念をかれが残していたとすれば、それはただヴィーコとヘーゲルの言葉の影響がかれのうちに生きつづけていたからにすぎないのである。読者はわたしの解釈をクローチェとジェンティーレの解釈とは区別して受けとめてくれるものとおもう」といった程度の反論ではとても太刀打ちできる性質のものではなかった。というのも、ジェンティーレは、一九二二年十月二十二日「ローマ進軍」を演出して政権の座についたムッソリーニの要請で文相に就任して中等教育改革を実現するとともに、二四年夏の統一社会党国会議員ジャコモ・マッテオッティ暗殺事件に端を発する政治危機を乗りきったムッソリーニが一党独裁体制への移行を宣言した二五年にはローマ誕生の日の四月二十一日に全国各紙に掲載された「ファシスト知識人宣言」を起草。また、ファシズム文化協会の会長や、二五年からは『イタリア百科事典』の総監修責任者も引き受けており、一九二〇年代から三〇年代にかけての時期にはイタリアの思想・文化界においてもっとも権威ある存在であった。三二年にはピサ高等師範学校の校長にも就任している（～四三年）。ジェンティーレのデ・サンクティスというのは、そのようなファシズムの「イデオロギー的国家装置」（ルイ・アルチュセール）のもっとも権威ある操作責任者によって自らの手で工作され発動されたものにほかならなかったからである。

なかでも、一九三三年デ・サンクティスの没後五十年を記念して雑誌『クァドリヴィオ〔十字路〕』Quadrivio 創刊号に寄せた文章「デ・サンクティスに立ち戻ろう!」Torniamo a De Sanctis! において、「今日では、イタリア人のあいだに、意志をつちかい生の改革をもたらすことのない頭だけの教養は空虚で偽りの教養であるという確信がひろまりつつある。今日では、芸術そのもの、哲学そのものも、もはや生との機能的関連のなかにおいてしか考えることができない。〔……〕そのような今日では、文学批評においても、そして文学批評においてのみならず、デ・サンクティスに立ち戻る必要がある」として発せられた「形式の美学はデ・サンクティスのあとではひとつの逸脱態でしかない。最初からやり直す必要があるのだ。批評を獲得しようではないか。しかしまたイタリア人の自己教育(educazione degli Italiani)をも獲得しようではないか」との呼びかけ。――時あたかも前年には「ファシスト革命十周年祭」が国民総動員体制のもとで大々的に執り行われており、その高揚した気分がなお冷めやらぬなかでのことであった。そうしたなかで発せられたこのジェンティーレの呼びかけがとりわけ「ファシズム文化」の若き旗手たちのあいだにもたらした反響の大きさがどれほどのものであったかは、あえてここに具体例をいちいち列挙するまでもなく、おおよその予想はつくのではないだろうか。

しかも、その呼びかけには「ファシズム文化」の若き旗手たちだけでなく、当時反ファシズム活動の罪で獄中にあったグラムシまでもが、一定程度の批判的姿勢は維持しながらも、正面から応答しようとしているのであった。

なるほど、グラムシは「デ・サンクティスに立ち戻ろう!」というジェンティーレの文章が『クァドリヴィオ』誌の創刊号に載っていることをノートに記してはいるものの、それに直接目をとおした形跡はない。が、呼びかけそのものについてはしかとこれを受けとめたのであった。しかも、本書に収録しておいたノートからは、ジェンティーレがデ・サンクティスへの立ち戻りを呼びかけるなかで意図していたところをグラムシがほぼ過たずにつかみとっていたことが見てとれるのである。

たとえば「芸術と新しい文化のための闘い」のつぎの一節を見られたい。

デ・サンクティスの批評は戦闘的であって、「冷たく」審美的なものではない。それは文化闘争の時期の批評、生について互いに敵対的な関係にある思想の対立の時期の批評である。内容の分析、作品の「構造」についての批評、すなわち、芸術的に表現された感情の総体の論理的および歴史的‐現実的な一貫性についての批評は、この文化闘争と関連している。まさにこのことのうちにこそ、今日でも批評家をかくも共感させるデ・サンクティスの深いヒューマニティとヒューマニズムの根源はもとめられるのではないかとおもわれるのである。〔……〕クローチェにもデ・サンクティスに見られるのと同じ文化的動機がなおも生き生きと働いている。ただ、クローチェの場合のそれはそれらの動機が膨張をとげ勝利をおさめた時期においてのものである。闘争はなおも続いているが、それは文化の(ある一定の文化の)洗練のための闘争であって、文化の生存権をもとめての闘争ではない。そこでは情熱とロマン主義的な熱気は優位に立つ者の平静さと善意に満ちた寛容のなかに組みいれられてしまっている。〔……〕/要するに、実践の哲学にふさわしい文学批評のタイプを提供してくれているのはデ・サンクティスであって、クローチェでも他のだれでもない(いわんやカルドゥッチではない)。実践の哲学の文学批評においては、新しい文化、すなわち新しいヒューマニズムのための闘争、人々の社会生活のありよう、感情、世界観の批評が、審美的ないしは純粋に芸術的な批評と、たとえ風刺の形式をとってであれ、激しく燃え立つような熱気のなかで融合していなければならないのだ。

ここでグラムシがデ・サンクティスと対比しつつクローチェにたいしてくだしている評価はジェンティーレが一九三三年のアピール文の最後で「批評を獲得しようではないか。しかしまたイタリア人の自己教育をも獲得しようではないか」と呼びかけたさいにクローチェにたいしてくだそうとした評価と実質的に異なるものではないことが了解されるものとおもう。ボッビオのいう「イタリア・イデオロギー」は、ファシスト政権が革命十周年を祝った一九三〇年代の初めには、グラムシのような体制にとってもっとも手ごわい敵までをも引きこんで、おそらくはそのエウフォリアの絶頂点を迎えようとしていたのであった。

＊＊＊

いや、とりわけ「国民革命幻想」としての「イタリア・イデオロギー」へのデ・サンクティスの取りこみということでいえば、グラムシこそはその可能性をもっとも深く追求しようとした人物であったといってよいだろう。

まず最初に、デ・サンクティスの講演「学問と生」についてのクローチェの一九二四年における「読み返し」は、かれが一八九〇年代の半ば、自らの哲学的思想形成の出発点においてそれと出会ったさいにつかみとっていながら、その後「精神の学としての哲学」の体系化に乗りだすなかで独り「抒情的直観形式の美学」の先駆者としてのデ・サンクティスのみをきわだたせつつ隠蔽し抑圧してきた「イタリアの再生と道徳的および政治的な教育の問題に腐心していた」「偉大な教育者」としてのデ・サンクティスにたいする、一種反動形成的なこきおろし以外のなにものでもなかった。また、一九二五年の「クローチェの自由主義」というジェンティーレの一文のなかでのデ・サンクティスは、あくまでも「自由主義者クローチェ」の虚像をあばくための傍証材料として引き合いに出されたものでしかなかった。

これにたいして、一九二八年に世に問われたルッソの『フランチェスコ・デ・サンクティスとナポリ文化』は、たしかに、この十九世紀のイタリアを代表する批評家であると同時にすぐれた政治教育者でもあった人物の所業全体についての歴史的な調査研究をこころみた最初の著作であった。しかし、なかでも注目される「政治教育者としてのデ・サンクティス」と題された最終第十二章における本書に抄訳した「学問と生」についての読解にかんしていえば、主眼はもっぱら「同一の病のふたつの現象形態であり、わがイタリアの頽廃と没落の歴史の遺産にほかならない」「主知主義」と「実践第一主義」の双方を克服して「同時に性格でもあるような学問」と「生の普遍的なヴィジョンにほかならないような行動」を獲得するための手がかりを探りあてることに置かれていて、その「政治教育者としてのデ・サンクティス」が抱懐していた国民革命構想の内容に今日的可能性という視点に立ったところから具体的な分析をほどこすところまでは行っていない。

そして最後に、ファシスト政権が革命十周年を迎えた翌年の一九三三年、その年がデ・サンクティスの没後五十年にあたるのをとらえて「イタリア人の自己教育」を獲得するためにと称してデ・サンクティスへの「立ち戻り」を呼びかけたジェンティーレの場合についていうならば、なるほど、そこにはファシズムの文化教育政策にデ・サンクティスを利用しようという魂胆こそ露骨にうかがえるものの、肝腎のデ・サンクティス自身が抱懐していた国民革命構想についての立ちいった言及は皆無に等しく、ここでも狙いは主としてはクローチェ批判にあって、デ・サンクティスはそのための口実でしかないとの感が否めない。

こうしたなかにあって、独りグラムシだけが「学問と生」にその集約的な表現を見いだしているデ・サンクティスの国民革命構想の核心にまで深く食い入って、そこから自らのめざす革命の綱領的な前提を探りだしてきているかにみえるのである。

このことは本書に収録したノートだけからでは十分には読みとれないかもしれない。が、わたしたちは獄中のグラムシが「人民的-国民的な集合的意志の形成 (formazione della volontà colletiva nazionale-popolare)」と「知的道徳的改革 (riforma intellettuale e morale)」の問題を二本の柱にすえてイタリアにおける革命の現代的条件を探ろうとしたことを知っている。そして、このグラムシの計画のうちにボッビオがかれのいう「イタリア・イデオロギー」の「最後のこだま」を聴きとっていることについてもすでに見たとおりである。しかしながら、そうであってみれば、グラムシがそうしてイタリアにおける革命の現代的条件を探りあてようとして獄中でくわだてた省察の中心にすえた「人民的 - 国民的な集合的意志の形成」と「知的道徳的改革」という問題こそはそのままにまたデ・サンクティスが一八七二年十一月十六日のナポリ大学における開講講演「学問と生」のなかで提起し掘りさげようとしていた問題にほかならないということは、本書に全訳しておいたテクストを一読してもらえれば容易に了解されるものとおもう。

なお、「知的道徳的改革」という言い回しはグラムシがフランスの実証主義哲学者で『イエス伝』などのキリスト教史研究で知られるエルネスト・ルナン（Joseph Ernest Renan, 1823-1892）によってフランスがプロイセンとの戦争に敗北した直後に著された同名の著作『知的道徳的改革』La Réforme intellectuelle et morale（一八七一年）のタイトルから採ってきたものであるが、その著作のなかでルナンは「プロイセンを範型としたフランスの改革、つまりは強力で健全な国民教育（une forte et saine éducation nationelle）」の必要性を訴えている。そして、さきに参照するところのあったランドゥッチは、このルナンと同じ精神に鼓舞されてデ・サンクティスもまた「学問と生」や七四年の議会での演説、あるいはまたカイローリ内閣での文相時代にプロイセン型の国民教育のイタリアにおける必要性を主張したのだと指摘し、「学問と生」をはじめとするデ・サンクティスの晩年の諸テクストには『イタリアの知的道徳的改革』というタイトルが冠されてもよかったであろうと述べている。留意されてよい連関である。

また、「人民的‐国民的な集合的意志の形成」にかんする問題意識の「学問と生」における所在については、そこでは「学問が生のうちに自らの制限を見いだすにいたったとき」「そのときには学問とはあれこれの事柄についての思索でもなければ、あれこれの原理でもなく、民族〔人民〕(popolo)と呼ばれる集団的頭脳の持続的で能動的な生産活動、生のあらゆる要素、勢力と利害関心とに浸された生産活動であることが了解されるのであり、その頭脳のなかにこそ彼女は自らの正当性、自らの作業の基盤を求めるべきであることが了解されるのである」とあったうえで、とりわけ「生のなかにも思想が存在する。それは潜在的な思想、何世紀にもわたって緩やかに形成されてきて、諸世代のなかに生殖液といっしょに混ざり合って自らを再生産し伝達してきた思想である。〔……〕われわれはこの思想の内部にまでは分けいっていない。われわれはただその思想のうえにわれわれの思想を置いたにすぎない」との指摘がなされていたことにあらためて注意をうながしておきたい。

＊＊＊

さてまたしかしながら、最後にさらに一点、注意をうながしておかなければならないことがある。それはグラムシが獄中でつづっていたノートが公表されのは、ファシスト政権が崩壊し第二次世界大戦が終結したのちのことであったということである。ノートはグラムシの死後、妻の姉のタチャーナ・シュフトによって獄中から運びだされてモスクワに送られたのち、戦後イタリア共産党に返還された。そして、党書記長パルミーロ・トリアッティの指示のもとで全六巻の著作集にまとめられ、一九四八‐五一年、トリーノのエイナウディ出版社から刊行された。これによってはじめてグラムシが獄中でめぐらせていた省察の内容は一般に知られるところとなったのであった。

しかも、そこでめぐらされていたのはたしかに知識人の指導のもとに遂行されるひとつの国民革命構想であり、その意味でボッビオがいうように「イタリア・イデオロギー」の系譜に属するものではあったが、それがもたらすことになった影響効果にはそれを「イタリア人をつくるのではなくてイタリアをつくりなおすことが問題であるような状況のもとにあって」「いまや時代錯誤となってしまった」そのイデオロギーの「最後のこだま」であるとして聞き流して済ますにはあまりにも大きなものがあった。グラムシが獄中でめぐらせていた省察は、第二次世界大戦後のイタリア政治界においてキリスト教民主党に対抗する最大野党勢力となったイタリア共産党がその「社会主義への各国ごとに多様な道」理論を開発して一国社会主義的ないしは国民主義的な独自路線を固めるにあたって、最大限の利用に供されることとなったのである。

そして、その最大限利用の過程で、グラムシがクローチェの批評と対比させつつ、「人々の社会生活のありよう、感情、世界観の批評が、審美的ないしは純粋に芸術的な批評と、たとえ風刺の形式をとってであれ、激しく燃え立つような熱気のなかで融合していなければならない」「実践の哲学にふさわしい文学批評のタイプ」として推奨したデ・サンクティスの批評についても、グラムシの評価のうちにはあったジェンティーレ的「立ち戻り」と相呼応する部分は隠蔽され抑圧されたうえで、党の文化政策に積極的に取りこまれることとなるのである。そうした取りこみ方の典型的な一例をわたしたちは一九五二年にイタリア共産党の理論機関誌『リナッシタ〔再生〕』Rinascita に寄せられたカルロ・サリナーリ（Carlo Salinari, 1919–1977）の「デ・サンクティスの立ち戻り」Il ritorno di De Sanctis という一文のうちに見ることができる。ルッソの監修になるデ・サンクティスの『批評論集』全三巻がラテルツァ出版社から刊行されたのを歓迎して書かれたものであるが、その一文を当時イタリア共産党の文化政策の責任者の地位にあったサリナーリは、そこに新たに収録されるところとなった「学問と生」からデ・サンクティスの国民革命構想の骨子が要約されている最後の一節を引用しつつ、つぎのように結んでいる。

今日のイタリアにデ・サンクティスが戻ってくるのは願ってもないことだ。かくも多くの不信と懐疑と苦悩が人々の心を蝕んでいるなかにあって、文明、生活習慣、学問、芸術が危機に直面しているなかにあって、かれはわたしたちの問題でもあるひとつの問題をわたしたちに再度提出してくれるだろう。人間であろうとすること、理解し行為し、新しい芸術、新しい学問、新しい世界を創造する人間の能力を信じるということがそれである。かれはわたしたちに多くの者たちが見失っていたブルジョワ民主主義思想の大いなる糸をふたたびつかみとらせてくれ、再建者および反蒙昧主義者としての役割を果たすであろう。「今日、生は自分がなにか無関心、倦怠、空虚感を症状とする未知の病にとりつかれていると感じており、本能的に、物質とか力について語り、肉体的に強壮な人間を再建するにはどうすればよいか、道徳的に健全な人間を再生させるにはどうすればよいかを論じているところへ走っている。そして、文学と哲学、医学と道徳的諸学は、いずれもがその影響を受け、その色彩を身に帯びている。血をつくり直そう、体質を改善しよう、生命的な諸力を高めあげ直そう。これが、医学だけでなく教育学の、歴史だけでなく芸術のモットーである。〔……〕イタリアの大学は今日では国民的運動からはまるで除外されてしまったかのようで、みずから中立であると言明している国家にはなんらの作用をも及ぼしておらず、また社会にもほとんど作用を及ぼしていなくて、それの臓腑をあえて調べてみようとはしていない」。これはわたしたちの文明の古くからの問題であるとともに、今日もなおわたしたちが当面している問題である。そして、芸術家と研究者のもとにあって人間を甦らせるという問題は、多くの新しい経験を重ねてきた今日では、文化と国民生活との結びつきをふたたび見いだし直すという要請へと組み直される。この意味においては、ただし、あくまでもこの意味においてのみであるが（というのも、デ・サンクティスをマルクス主義者に仕立てる気はわたしたちには毛頭ないのだから）、今日ではデ・サンクティス－グラムシの連関のほうがデ・サンクティス－クローチェの連関よりもいっそう大きな意義と大きな発展の可能性をもっているようにおもわれるのである。

ボッビオのいう「イタリア・イデオロギー」は、ボッビオ自身の言とは相違して、二十世紀の後半期に入ってもなおその威力を失うことはなかったのだといわざるをえない。それが終焉を迎えるまでにはそれからさらに二十年近くの歳月を要したのであった。つまりは、ほかでもないボッビオがそれに「イタリア・イデオロギー」という名をあたえる機縁となった、あの一九六八年の動乱を待たねばならなかったのだ。それとも、それはあれからもなお生き延びて、新しい世紀にまでその支配をおよぼそうとしているのであろうか。

＊＊＊

本書がこのようなかたちで出来あがるにあたっては、未來社編集部の浜田優氏のひとかたならぬ熱意と努力があった。記して感謝したい。

（二〇〇〇年六月十五日）

編訳者紹介

上村忠男(うえむら・ただお)

1941年，兵庫県尼崎市に生まれる。

1968年，東京大学大学院社会学研究科（国際関係論）修士課程修了。

現在，東京外国語大学大学院地域文化研究科教授。学問論・思想史専攻。

著書，『クリオの手鏡——20世紀イタリアの思想家たち』（平凡社，1989），『ヘテロトピアの思考』（未來社，1996），『バロック人ヴィーコ』（みすず書房，1998）など。

[転換期を読む 5]

国民革命幻想

2000年6月30日　初版第一刷発行

本体1500円＋税———定価

上村忠男———編訳者

西谷能英———発行者

株式会社　未來社———発行所

東京都文京区小石川3-7-2

振替 00170-3-87385

電話(03)3814-5521～4

http://www.miraisha.co.jp/

Email:info@miraisha.co.jp

精興社———印刷

五十嵐製本———製本

ISBN 4-624-93425-3 C0311

未紹介の名著や読み直される古典を、ハンディな判で

新シリーズ❖転換期を読む

二〇世紀も終わりつつある現在、わたしたちは大きな時代の転換点に立っています。革命と世界戦争に揺さぶられた激動の世紀にかわって、見通しがたい新たな世紀の未来に、わたしたちは何を託すのでしょうか。しかしながら、時代の転換とは、過去を早々に清算し、新しい意匠に乗り換えることではないはずです。伝統と遺産を見つめなおし、再構成し、その限界を乗り越えるところからしか、来たるべき時代の活路は拓けてこないでしょう。啓蒙と進歩史観に支えられた「近代」という時代精神をいま一度検証し、その歴史的射程を捉えなおすために、未開拓のままわたしたちに遺されている知的成果は、まだまだ大きいと言えましょう。本叢書は、時代の転換期には何度でも繙かれ、読み継がれるであろう名著の数々を、選りすぐって提供いたします。

1. **望みのときに**
モーリス・ブランショ著◉谷口博史訳◉一八〇〇円

2. **ストイックなコメディアンたち**——フローベール、ジョイス、ベケット
ヒュー・ケナー著◉富山英俊訳／高山宏解説◉一九〇〇円

3. **ルネサンス哲学**——付：イタリア紀行
ミルチア・エリアーデ著◉石井忠厚訳◉一八〇〇円

4. **国民国家と経済政策**
マックス・ウェーバー著◉田中真晴訳◉一五〇〇円